不要羨慕別人花開得早，
要努力讓自己花開得好！

關韶文 著

王心凌
——
世上獨一無二的花

這幾年，在唱片界有一個熱門關鍵詞，叫「關韶文」。

說唱片界是因為那是我熟悉的領域，但其實韶文的影響力當然不只於唱片界。媒體界、網紅圈、時尚界、YouTuber、小資族、甚至塑身減肥、美容保養……關韶文這個名字無所不在，跟他的魔性笑聲一樣，走到哪裡都能聽到。

我認識他十幾年，大半時間他隱身於「王心凌歌迷」群中，默默陪伴著我，蒐集我所有的作品，幫我成立了奇摩家族，幫我半夜戰網友，幫我向偏頗的媒體抗議，很多事，我也是至今看了他的書，才知道。

我欣賞這個男孩，並不是因為他不只一次在媒體面前或是網路影片中，公開的宣稱自己是我的頭號粉絲。許多接受過還是記者的韶文訪問的藝人應該都同意，他貼心又妙趣橫生的問話方式，無厘頭的神來一筆，反應靈敏又進退得宜，配上他當時圓滾滾的外型，格外得人疼。

這個男孩，在短短幾年間，一路蛻變。他從遠遠望著偶像的歌迷，一路站到偶像身邊鬥嘴起鬨，從拿著麥克風追逐新聞一路到被麥克風追逐，從像座山般的存在感到減重 35 公斤的高個子，他的一路蛻變從裡到外從身分到外型。唯一不變的，除了他還是喜歡聽我的歌之外，我看到的是

善良和努力。

「善良」和「努力」，是兩個我們常常看到用來稱讚好人的特質，但看完這本書，你會更了解，一個三十歲的男生是如何運用他身上的這兩個特質，步步逼近成功。他看似在追逐夢想，實則被夢想乘載往前飛奔。

韶文在這本書中，隨手拈來就是金句良言。他經歷許多艱難的工作角度，做節目需要放低身段娛樂大眾，當記者需要追根究柢揭露真相，當 YouTuber 需要驚世駭俗博人眼球，韶文卻總在這些需要深挖無下限的環境中，用自己的原則漂亮的抓到峭壁上的天梯，徒手攀爬而上，不致沉淪。

那些金句良言，不只是他身體力行的原則，也敲響警世的鳴鐘。讓我們看到，現代人所有的頹靡都推給大環境，但就是有一個闕韶文，不用被大環境影響。

不是因為他特別幸運，只是因為他特別努力，以及，他一直保有的善良。

「不要羨慕別人花開得早，要努力讓自己花開得好」，以一個三十歲的男孩而言，這朵花開得已經夠早了，成功和美好沒有早晚，我想韶文在過程中得到的，早就超越他以為的那朵花。而且我相信，他就是這世上獨一無二最美好的花。

以一個認識了十幾年的老朋友身分，我想對韶文說：「你很棒，你還會更棒。」

謝謝你一直支持我的作品，現在換我為你的這本作品喝采。

曾之喬

要嘛好笑，要嘛學到東西

他常常會在我們沒日沒夜拍戲拍到累得不行的時候，拿著麥克風，以及一堆例如護士服之類的搞笑道具，要求我們拍一些很胡鬧、很搞笑的花絮影片……是的，他是很認真很認真的一個記者，但，那臉皮也太厚了吧，竟然敢在那樣的狀況下一再的打擾我們……

我的朋友關韶文，真的是個奇（瘋）葩（子），而這是我們認識的開始。

然後大概兩年前吧，我開始練習製作網路節目，一開始我其實挺有把握的，因為我花了很多的心思，也有誠意地投入預算去做這件事情，我相信我們的內容會值得一看。可是當我真的要開始上片時，卻發現我對 YouTube 根本不瞭解，演算法啊，觀眾的收視習慣，如何洞悉後台的數據……完全不懂，我就像是個新人一樣的忐忑，不確定自己夠不夠專業，不知道自己有沒有資格來開一個這樣的頻道。

那段時間，我只要一有問題，就 LINE 關韶文，我總稱他為老師，而這個老師呢，總是完全不藏私的跟我分享他所有知道的操作方式，甚至幫著我一起想頻道名稱，討論影片的長短，下標的分寸拿捏……，給我非常多專業又溫暖的建議，完

全撫平了我這個新人近乎崩潰邊緣的焦慮心情。

「要嘛好笑，要嘛讓人學到東西，當然最好的狀態是既好笑又能學到東西」，至今我仍舊深刻記得他和我分享的經驗談，事實上我也一直掌握著這兩大原則，去執行與創作我 YouTube 頻道的內容。而原本覺得自己的本質其實嚴肅認真，也因為他發現了我「罵人其實很好笑」，而讓我內在那個輕鬆有趣會搞笑的屁孩，有了被看見的機會，讓大家看到了原來我也會有「笑」果。

雖然說我算是關關的前輩，但我覺得他才是我的貴人，他發掘了我沒有被看見的潛力特質，讓我討喜的那一面可以在螢光幕前更多的出現。

「以前總想要變成別人，卻忘了自己的與眾不同」，他在書裡這麼寫著。如今他說，《不要羨慕別人花開得早，要努力讓自己花開得好！》。

我非常感謝我這個特別的朋友，讓我開啟了生命中很多不一樣的想法，他用自己的幽默方式發光、發亮。真心的祝福關關，可以用這樣獨一無二的方式持續照亮自己，也照亮更多的人。

祈願每個人，都能看見自己本來就具足的美好。

作者序

30歲的斜槓青年！因為媽媽的「一句話」走出舒適圈圓夢

這本書開始前，我想了很久要如何下筆，電腦打開了好幾次，下意識地打出了「記者關韶文／整理報導」。總是為別人報導的我，習慣把自己退到第二位，這次我決定為自己報導，把故事說給你們聽。

記者關韶文／整理報導

「不要羨慕別人花開得早，要努力讓自己花開得好。」

小時候，媽媽總是用這句話鼓勵著關韶文，而他也將這句話寫成對聯，貼在自己的衣櫃上；每每遇到低潮時，抬頭看到媽媽的鼓勵，總能重新燃起動力。而這句「座右銘」也成了關韶文在影片中的經典金句，鼓勵了不少觀眾，甚至還有連鎖速食店業者，寫來貼在店門口招攬客人。

從小循規蹈矩，扮演一個好學生的樣子，卻怎麼考都比不過別人。直到高三那年，他立定志向決心報考世新大學廣電系，才改變了他的一生。

大學畢業後，關韶文如願進入媒體業、走入傳播圈，換了兩間公司，最後決定創業成為自媒體工作者。過去曾被嫌吵的魔性笑聲、被嫌走音的難

聽歌聲，如今卻成了他專屬的特色，讓他開心地在自己的社群上分享著，「以前總想要變成別人，卻忘了自己的與眾不同。」

看似正能量的他，當然也有低潮的時刻，例如許久以前就曾在社群上說過要寫書，但一寫就是好久好久以後。如今，終於出版了這本《不要羨慕別人花開得早，要努力讓自己花開得好！》，關韶文期許能將自己的生命經驗分享給讀者，成為一個傳播快樂的人。

CONTENTS
目　錄

CHAPTER 3

追星族的迷弟日常

CHAPTER 4

從實習生開始，一步一步朝夢想前近

CHAPTER 7

我，就是自己的媒體

Chapter 1

夢想
開始的地方

別急著去修正自己的「不同」，
而忘了自己的「特色」。

不要羨慕別人花開得早，
要努力讓自己花開得好

夢想的輪廓，隨著成長慢慢清晰，在確定自己的目標後，
我想盡辦法往目標越靠越近。從小就不擅長讀書的我，
在成為「傳播人」的這條路上，格外艱辛，但我從來沒
有放棄。

「我們決定離婚了⋯」也許是因為債務、也許是因為感
情、也許是因為不適合，在我有印象的日子裡，媽媽總
是偷買麥當勞給我吃，陪著我去逛屈臣氏、買面膜；而
爸爸則是緊盯我的成績，嚴格地為我的學業把關。就跟
大多數的家庭一樣，一個是黑臉、一個是白臉。我連當
時是幾歲都忘了，只記得我和爸媽說：「不開心就分開
吧！這是好事。」現在想來，那時候的自己還真早熟。

爸媽離婚後，媽媽從我的生活中消失了好幾年，那幾千

個日子裡，只能不定期收到「沒有寄件地址的明信片」；
直到這幾年通訊軟體發達，才終於有了媽媽的音訊。

就這樣，我開始跟著爸爸生活，爸爸扛起了家計，負責
主外又主內。面對工作壓力的同時，又要照顧我這個「太
有夢想」的兒子，而他也是我心中全世界最厲害的爸爸。

當時單親家庭還沒有這麼「盛行」，讓我總覺得自己和
別人「不一樣」。母親節前夕，全班都在寫卡片準備送
給媽媽，我假裝要把卡片寫給爸爸，但其實我根本不想
做這件事，我只覺得，為什麼老師要強迫我們寫信給「收
不到這封信的媽媽」？

每次想媽媽的時候，我總是抬起頭，看著衣櫃上寫著的
座右銘。是啊！就是媽媽用來鼓勵我的那句話，「不要
羨慕別人花開得早，要努力讓自己花開得好。」雖然現
在聽起來超像某種直銷廣告，但如今 30 年過去了，依舊
非常受用，而我也正在努力播種灌溉的路上，等待著開

花結果的那一天。

衣櫃上的座右銘當然不只這句，另外一句則幼稚了一點，是戲劇《MVP 情人》的經典台詞：「不要輕言放棄，否則對不起自己。」

這兩句斗大的對聯，就這樣貼在我的木頭衣櫃上，看似八股卻讓我充滿動力，彷彿不論外面的世界再怎麼黑暗，至少至少，我的房間有一塊是發著光的，這裡就是我的避風港，給予我滿滿的安全感。

在這裡想跟媽媽說，不論您現在過得如何，相信這本書您也正在看著，只希望現在的我，是個讓您覺得驕傲的兒子。

別忘了自己的與眾不同

「噹噹噹噹…噹噹噹噹…」的下課鐘聲，對你來說，有著什麼樣的回憶與意義呢？

對我來說，那是我最難忘的「偽裝提醒鬧鐘聲」。

在成長的過程中，我們最常做的就是「模仿」。因為害怕被排擠、害怕自己和別人不同，所以當全班的人都這麼做的時候，就也得跟著做，不然就會像是「猜領袖」遊戲一樣，被抓到了以後，被踢出班上的小圈圈。這些恐懼，讓我不得不隱藏真實的自己，偽裝成大多數人認同的樣子，而這樣的我，連自己都覺得好陌生。

國中時，下課鐘一響，我就會和全班的男生一起衝到球場打籃球，把自己弄得滿身大汗；到了第三節下課，又跟著大家一起衝去熱食部買便當；第四節上課時，再跟

老師玩「123 木頭人」，只要老師一轉身寫黑板，我們就立刻趴下偷扒飯，然後中午的吃飯時間，就又可以衝去球場打籃球了！

我以為只要和大家一樣，就沒什麼好怕的了……但是長久下來，心裡的感覺卻越來越怪。

說真的，我只想要在下課時間多背幾個英文單字，中午時間慢慢吃飯，或是把家政課的毛線打完、把黑板上的聯絡簿抄完，我幹嘛假裝跟大家一樣愛打籃球啊？這樣的我，到底是為了什麼？

直到上了高中，我才發現自己根本不喜歡打籃球，只是因為害怕，害怕男生們全都去打籃球了，而我一個人坐在位子上，這樣是不是很奇怪？

上了大學後，有一堂課是「基礎化妝」，我跟著老師買
了好多保養品、化妝品，雖然並不是畫什麼大濃妝，但
看著鏡子裡的自己，只是單單把黑眼圈遮了，鏡子裡的
微笑都變得更有自信了。我發現，這才是我喜歡的樣子，
這才是真正的我。

想跟大家分享，成長的過程中，我們一定會害怕、會緊
張、會擔心，深怕自己哪裡和別人不一樣。但，別急著
去修正自己的「不同」，而忘了自己有「多特別」。急
著追求和別人一樣前，不如停下腳步想想，自己有多可
愛、多特別，因為「最真實的你，才是最迷人的你」。

戲棚下站久了，
舞臺總有一天是我的！

說來好笑，國小時期，我總是跟在一個超級幽默的「大哥」旁邊，他看起來超級兇，我們都叫他「陳哥」；而我就像是陳哥專屬的「人體效果機」一樣，每次他一講什麼，我就負責給予反應，帶動現場氣氛，好笑的就笑特別大聲，不好笑的就靠拍手帶過。

直到上了中學，沒有了這位好笑的大哥，我發現同學們好像「不幽默了」，就像是《康熙來了》兩位主持人都請假一樣。我莫名覺得自己似乎得扛起責任，提升班級的幽默感，所以總是在老師講話的時候接話、在班長生氣的時候負責緩和氣氛，而我也就這樣從站在大哥旁的「B 咖」，晉升成為班上的主 Key。

印象最深刻的是學期初的英文課，老師只要一說，「來，

我們翻到『第九頁』」，我就會帶著全班大合唱 CoCo 李
玟的《第九夜》，「在這第九夜～沒有你的我～終於開
始感到寂寞～」

全班跟著我唱得起勁，老師哭笑不得，只好任由大家瞎
起鬨，瞎聊了五分鐘後說：「好了啦！現在翻到『第九
頁』」，我就是特別愛「按牌理出牌」，一聽到「關鍵
字」，再度帶著全班大唱「在這第九夜～沒有你的我～
終於開始感到寂寞～」老師只好又陪大家閒聊。就這樣，
一堂課什麼單字也沒學到，反而變成了一堂荒謬的「音
樂課」。

我想，那時的我，早已是魔性笑聲和魔音歌聲的「練習
生」，就只差一個出道的舞臺！

人生第一次感受到「成就感」

高中考上了位於台北市北投區的復興高中，坦白說，當時填寫志願的順序，只是將分數從高的往下填，我連什麼是「普通高中」、什麼是「高職」都一知半解，我只知道，我的學校好～遠，居然在山上！

那時的我和多數人一樣並不清楚自己要的是什麼，只知道同學總是推派我擔任「康樂股長」；高中時又在一堆男生的搧動下，半推半就地當上了「春暉社社長」，不論是宣導反毒的戲劇策畫還是各種團康遊戲，我都得一手包辦，畢竟掛了「社長」，當然得負起責任，要做就做到最好。

以前不知道什麼是「主持」，只知道要當上康樂股長，才能帶大家一起玩遊戲；當上社團的社長，就要腦力激盪發想更多關卡。

我開始拿起麥克風，站在台上說明遊戲規則，並且帶著
組員們一起排練宣導劇，再到北投附近的中、小學表演，
即使因此把自己搞得很忙，卻很享受社課所帶來的一切。

雖然這些豐富活潑的社團經驗，可能在大人的眼裡，根
本算不上什麼「成就」，頂多只是一種休閒娛樂；但是，
對我來說那是一段很寶貴的經驗，因為我從那時發現，
「好像看到大家快樂，就是我最快樂的時候」，我喜歡
被別人逗笑，更喜歡逗笑別人的自己。

於是，在高二升高三的暑假，當老師要我們練習選填志
願時，我開始從不同的意向測驗中「找尋自己」，也上
網查詢了很多相關資料，立志考上世新廣電，成為一名
「傳播人」。

縮短現實與夢想
之間的距離！

為自己訂下目標後，我就成了 Google 達人，查遍了世新大學廣電系歷年的錄取分數，認真分析應該要考多少分，才有機會拿下廣電系的門票。

對於高中成績奇差無比的我，決定直接把目標放在暑假的指考，但看著資料上面寫「英文 X2、國文 X1.5、歷史 X1」，就算只看這三科的分數，似乎還是離我好遠好遠。

我翻開補習班的「葵花寶典」，上面寫著「不可不知道的大考單字」，裡面明明只有 1000 個，但指考至少得要背完 7000 個單字才夠。我反覆翻閱著，在心裡告訴自己「要怎麼收穫，先怎麼栽。」沒有苦過，怎麼收穫！我立刻下定決心，把過去空白的知識盡力填滿，還一口氣買了 10 支黃色螢光筆，展開瘋狂惡補計劃。

畢竟，如果我連 1000 個單字都背不完，還有什麼資格談夢想呢？於是我開始倒數大考天數，並且放了一個倒數日曆在書桌前，規定自己一天要背完多少單字，自己用 A4 紙做成長條形的單字卡，抄寫的時候就先背第一次，接著只要一有時間就把單字卡拿出來背，搭捷運也背、搭公車也背。如果那時候已經身為 YouTuber 的話，我想，應該可以拍一支「一週英文挑戰」，因為那段日子，是我英文最好的巔峰時期。

當英文開始進步後，我彷彿看到了一絲曙光，英文單字這麼多我都可以背了，國文和歷史一定也不成問題，乾脆一鼓作氣地把所有科目都認真背一背吧！甚至還去報名為了大考專設的速成班，學習國文解題和歸納歷史重點。於是，我成了一名熱衷於讀書的學生。

就在那一瞬間，
夢想全都成了碎片

當同學們放學到 K 書中心讀書的時候，我在前往醫院的路上；當同學們考前一個月在家或在圖書館把握最後衝刺的時候，我在準備奶奶的喪禮……一場金融海嘯，更是直接讓我的世界變成了黑色。

從前不愛讀書的我，學測沒考好，也沒什麼好意外的，但就在進入拚指考的最後幾個月，最親愛的奶奶乳癌突然迅速惡化，醫生告訴我們「奶奶的生命進入倒數了」。

我每天一放學就抱著自己的單字書，搭上公車到醫院陪奶奶，抱著講義吃著醫院地下街的食物。那時的耳機還沒有抗噪功能，背景音樂全是救護車的聲音，而這裡，就成了我的 K 書中心。那段時間，我的日常是「白色」。

沒想到屋漏偏逢連夜雨，隨著奶奶的身體每況愈下，醫生建議我們將她接回家中安寧，偏偏當時又遇上國際金

融海嘯，以致爸爸的工作不順利，面臨龐大的醫藥費，我的世界從「白色」直接變成了「黑色」。

如果連最基本的經濟基礎都沒有，我要拿什麼來構築夢想？上網一查，得知世新廣電系的學費一學期將近 7 萬元，若加上林林總總的其他開銷，即使順利考上並念完四年大學，豈不等於背負了至少 50 萬元的貸款？

一想到這裡，我忍不住害怕地吶喊：「我不要！」

我開始對生活「斤斤計較」了起來，例如研究捷運地圖，發現提早一站下車可以省 5 塊，為了這 5 塊，我願意多走上一段路；看著屈臣氏的廣告DM，在班上幫大家代購，累積自己的會員點數，用來換取日常用品；盯著早餐店的價目表，決定天天吃蘿蔔糕，一份兩片，可以一片當早餐吃、一片當午餐吃。這段「黑色」的日子，讓我不得不急速成長，為自己的日常開銷負責。我害怕過著這樣的生活，更害怕什麼也不能做的自己。

我不是愛省錢，
而是必須省錢！

在我高中時，還是「K書中心」相當盛行的年代，只要付幾小時的場地費，就能和幾個好朋友共用一個包廂，還有喝不完的飲料。偏偏，我就是連分攤的場地費都付不起，只好自動退出了原本和朋友共組的讀書會；明明沒被大家排擠，但看起來就是人緣很差，沒什麼朋友。

每天放學後，總是一個人搭著車，從北投晃到北車，對，哈哈！就是要跟大家一樣唸「北車」。某天偶然間找到了一間連鎖文具店，招牌上寫著「憑當日消費 50 元發票，即可免費讀書、不限時間！」真是天助我也，這一切來得太剛好了！

我小心翼翼地計算價錢，購買了幾樣必用的文具，例如立可白、橡皮擦和自動鉛筆筆芯，精打細算湊到了 51 元，

剩下超出低消的則先不買，好當成隔天的「扣打」使用。

還記得，那時走進文具店所提供的 K 書空間後，發現居然還有提供免費的麥茶，讓我超超超開心的！終於找到了屬於自己的祕密基地！

隔天到了學校，我沒有和其他人分享這個消息，而是拿出文具店的 DM，問了全班：「誰要買文具？我現在可以幫忙代購和帶上山來喔！」大家聽到有人願意免費跑腿代買文具送來學校，立刻興奮地圍了過來，輪流在 DM 上圈選。於是就這樣，我連續好幾個禮拜，每天都能去文具店 K 書中心報到。

至今沒有人知道，那時的我，其實只是為了一張 K 書中心的免費入場券。

害怕的這一天，還是來了

高三下學期的最後一天，大家陸續打包收拾自己的課本和用品，準備各自度過倒數一個月的指考衝刺。

有人選擇去補習班、有人選擇去 K 書中心、有人選擇繼續到學校，而我……則接到了一通來自爸爸的電話，「奶奶離開了……」

那一瞬間，我的世界好像被按下了靜音的按鈕，完全聽不到同學們在一旁的喧鬧聲，只望著窗外，看著天上的雲朵緩緩移動著，也不知道是難過還是覺得解脫，當下好像失去了所有感知，竟然連一句話都說不出來。

幾個好朋友發現我異常安靜，紛紛圍了過來，拍了拍我的肩膀，但是我卻沒有任何感覺，就好像我完全不在現場一樣。

很想好好祝福奶奶，終於沒有任何病痛了，但只要一想
到以後再也沒有人清晨 5 點起來洗碗、掃地，把全家都
吵起來；再也沒有人過年逼著我們摺金紙、燒香；再也
沒有人跟爸爸吵架，爭論著現在根本想不起來的小事，
我的眼淚就止不住地往下掉……

接下來的日子飛快地流逝，看著桌上的倒數日曆一天一
天過去，為奶奶準備喪禮、出殯……沒想到，我考前的
最後一個月，忙的不是水深火熱的大學指考，而是與最
愛的奶奶道別。

滿心嚮往卻不被祝福的夢想

「我考上世新大學廣電系了！」指考成績公布的那天，我非常開心，沒想到我的分數不但不錯，甚至還比想像中再好一點，順利考上了廣電系中最高分的「電視組」。

但是就在這時，我卻開始猶豫了，因為同樣的分數，除了世新大學廣電系外，也可以選擇某些公立大學的科系，其中最大的差別，當然就是學費的多寡。

公立大學的學費一學期可能只要 1、2 萬元，但如果我堅持就讀世新廣電系，一學期的學費至少要 6 萬多元，這還不包含課本教材費、拍攝器材購買或租借等其他費用。

於是，這原本使我引以為傲的「達成目標」，並沒有獲得大家的祝福，不但被老師質疑，明明可以選擇一間更好的公立大學，卻偏偏要讀私立大學，根本是「浪費分

數」；被父親嫌棄，認為傳播圈是一道窄門，進入傳播業還不如去考公務員，既穩定又有保障；被朋友勸說，學費這麼貴，不如去讀文化大學或真理大學，因為很多同學都讀那裡，說不定以後還能一起開同學會。

令我不禁懷疑，這難道是一個「錯誤」的夢想嗎？當下心情十分複雜，我為自己的努力而感動、驕傲，也為接踵而來的經濟壓力而惶恐，更為了不被祝福的夢想而覺得諷刺。

然而，這一切都無法改變我的決定，反而讓我下定決心，從此不再跟家裡拿任何一分錢，我要憑靠著自己的力量，一步一步、踏踏實實地築夢。

為了就讀自己朝思暮想的校系，無論是課餘時間還是假日，我將所有的時間全都拿來打工，希望自己在大學畢業前，就能存到足以償還學貸的存款。

同時也慶幸自己不是活在「萬般皆下品，惟有讀書高」
的年代，畢竟過去的我，覺得自己是個連讀書都不行的
人，還好幸運的是，我很早就知道自己想做什麼，並且
為了我的夢想努力，一步一步朝夢想靠近，一路堅持到
了現在。

Chapter 2

提早社會化！
職場的鐵血教育

解決問題的唯一方法，
就是直接面對問題！

您好，敝姓關，
很高興為您服務

很多人對我的第一印象就是「娛樂記者」，甚至有許多人會開玩笑地說：「我是看你的新聞長大的！」

其實，對我來說，人生中最重要的工作，並不是一直以來心心念念的娛樂記者，而是給了我四年成長經歷的第一份工讀，也是大家可能從沒聽過、也沒想過的成長故事，卻是我這輩子最感謝的歷練。

當我決定高中畢業不再和家裡拿錢後，就開始緊鑼密鼓地計劃如何賺取自己的生活費。回想起過去補習時，在教室黑板看見的徵才訊息：「時薪 105 元，表現優異另有獎金，業績達標再加時薪！」對於曾在補習班上課的我來說，簡直是個大好機會！

於是，指考結束的隔天，我並沒有和同學出去狂歡慶祝，

更不是迫不及待地買張機票飛出去，而是立刻回到補習班應徵，找了一份打電話推銷和發傳單的工作。

那年暑假的每一天，我從早到晚都排了滿滿的班表，我跟自己說：「反正閒著也是閒著，不如把時間全都拿來賺我的大學學費吧！」翻著補習班的傳單，看著上面寫著斗大的標語：「XX 英文，一個夢想起飛的園地！」當時的我，心裡也是這麼想的。

即使這份工作，在外人眼裡是多麼的平凡無奇，不過就是問問誰要來試聽課程，或有沒有人需要報名課程，以及偶爾跑去校門口發發傳單、詢問家長願不願意留下聯絡資料等。

但是，不知道哪裡來的使命感，在我心中一直有一個聲音：「既然要做，就要做到最好！」，無論職業位階高低、薪水多寡，我都要認真對待這份工作，不但要把這間補習班的好告訴全世界，更要把補習班的錢通通賺進我的口袋裡！（愛開玩笑）

一樣米養百樣人，
一夜長大的關韶文

高中畢業後，我彷彿提早進入了社會，像個上班族一樣過著每天上下班、每月領薪水的日子。更學習如何規劃自己的收入，規定自己每天記帳，哪怕只是一塊錢的增減，都要分毫不差地記錄下來，提醒自己至少想辦法達到收支平衡，也因此讓我對「數字」更有概念。而我的記帳本就如同一個小股市，上面有著五顏六色、高低起伏的線條。

當我開始在補習班打工後，才發現這份工作並沒有想像中的容易。面對試聽完課程的學生，我要學習用各種不同的「話術」來介紹課程，更要能夠感受每一個消費者的需求，才能在討論的過程中直接切入重點，順利讓消費者成功報名課程。

狀況一：
家長：我覺得我的小孩比較需要補數學耶！

關關：可是英文有 7000 個單字，沒有人幫忙整理的話，
　　　複習起來就會像無頭蒼蠅一樣！數學的重點在於
　　　解題方式，其實大部分都可以從參考書裡找到，
　　　所以我覺得補英文比較重要。

家長：可是你們補習班好遠，我想要小孩在學校附近補
　　　就好。

關關：但我們的補習班規模大，會比較有競爭力，跟著
　　　不同學校的同學一起上課，也可以知道自己的實
　　　力在哪裡，反而進步得更快。

家長：你們補習班有幾百個人，誰能真正照顧到我的小
　　　孩？

關關：請放心，我們每一間學校都搭配了一個專屬的輔
　　　導老師，而我剛好就是孩子學校的輔導老師，有
　　　問題都可以隨時找我喔！

狀況二：

學生：可是我已經報名別家補習班了。

關關：那你今天來上了試聽課後，感覺如何呢？

學生：我覺得都差不多，反正有補習就好。

關關：千萬不要這樣想，如果把英文學好了，你就可以
　　　決定很多事情，像我就剛考上了自己的夢想科系。

學生：但這又不是我自己決定的，是我爸媽要我去的。

關關：可是你現在已經是高中生了，應該學習做自己的
　　　主人。

學生：好，那我決定過來你們這邊上課了！

我就這樣電話 一通接著一通，每天的日常就是拿起電話，
然後展開激烈的SWOT分析(強弱危機分析)，絞盡腦汁，
用盡千方百計，就是希望可以招收更多學生。而我抱持
的信念就是：「只要對方不掛電話，我就有機會拉到客
人！」

在強烈的企圖心與不停地自我挑戰下，我成為了全補習
班業績第一的工讀生，並且一路拚到大學畢業，連續整
整四年，每一年都站在頒獎台上，收下老師給我的超大
包業績獎金！

請不要成為討人厭的大人！

在補習班工作的這段日子，接觸來自不同行業的家長，看見來自不同家庭的孩子，不同的成長背景和生活經驗，造就出各式各樣的人格。而我，從中看見了自己喜歡與不喜歡的樣子，好的我就學習，希望能夠像他們那樣，壞的我就拿來警惕自己，千萬不要像他們一樣。

「你好，幫我找關老師，我要找他報名。」
「我是那個邱媽媽介紹的，我要來找關老師。」
「關老師在嗎？我想要問孩子的上課狀況。」

是的，我不小心成了「關老師」，因為姓氏很特別，整個補習班又只有我姓關，所以大家都這樣叫我。每天都有好幾十個人到櫃檯指名要找「關老師」，偶爾還會被同事虧說：「哎唷！生意怎麼這麼好啊！」但是，每當我遇到了情緒比較激動的家長時，同事們反而慶幸自己「生意沒那麼好」。

「我兒子怎麼又考不好了，你們不是很會教嗎？我在家都沒看到他在唸書，你們這樣，他怎麼會進步呢？」總是怪別人很容易，檢討自己很難。補習班的功用是把學生教會，但不代表可以不用複習啊，就像是給了你一顆仙丹，你卻沒有按時服用，又怎能來怪開仙丹給你的藥師呢？對於這種認為花錢就可以保證見效的家長，多到我已經見怪不怪了。

當然也曾遇過暖心的家長，特別到補習班來當面表達謝意，「關老師，真的很謝謝你的協助，你幫我女兒安排的讀書計畫，讓她每天知道要如何分配時間，也因此更容易靜下心來在書桌前讀書了。」這些明理而善解的話語，總是給了我莫大的肯定與鼓勵。

在補習班任職的日子裡，令我最難忘的是一位松山高中的陳同學。他第一次來上試聽課時，我就注意到他的制服袖口與其他同學不太一樣，上面帶有漬痕，一問之下

才知道，原來他家是賣土魠魚羹的，偶爾放學後還需要
去店裡幫忙，所以唸書的時間根本不夠。

當下我滿腦子都是「土魠魚羹」的畫面，除了想吃以外，
還多了一份心疼。父母每天一碗一碗不停地舀著，才能
賺個 5 元、10 元，而補習班一學期的學費至少要一萬元，
等於得要賣上千碗才能送孩子來上課，那是一件多麼不
容易的事情啊！

於是，我立刻翻遍了補習班所有的櫃子，找到了一張學
費折價券，偷偷塞進他的口袋，希望可以幫上他，哪怕
只是一點點忙都好。

面對形形色色的家長和學生，我就像是看透了整個社會，
當時才 18 歲的我，只告訴自己一句話，「一定要時時刻
刻提醒自己，不要成為討人厭的大人！」

那個讓我氣到發抖的黑暗夜晚

20 歲那年，因為在補習班的工作表現亮眼，有幸成為「小主管」。不僅要管理全班學生的資料、聯繫家長，還要負責掌握底下 5 到 10 位工讀生的帶班狀況，導致每一個上班的日子，我總是戰戰兢兢，擔心有學生身體不舒服、害怕授課老師不定時地需要我、隨時等著家長打電話找我。

「我兒子明明有去上課……」家長打電話來詢問兒子的出席狀況。
「X 先生，您好，剛確認過座位上和班上都沒有這個人。」我查閱後回覆。
「怎麼可能？等他下課到家後，我讓他跟你對質！」家長惱羞成怒地說完這句話後就掛了我電話。

放學後，全班的人都走光了，我還是沒有找到這位學生。我很擔心會不會是學生走失了，或是發生意外回不了家，也擔心家長找不到孩子會很著急。夜深了，補習班的電話

會自動轉語音，不顧主管的反對，我私自留了我的手機
號碼給家長，請學生到家後一定要和我聯繫。

家長：「關老師，來，我兒子跟你講！」

關關：「那你現在打開課本，今天上課是上第幾頁？」

學生：「我沒帶課本，所以我跟同學一起看。」

關關：「好，那今天考試的考卷上面寫第幾週？因為我
　　　　這邊沒有你的考試紀錄。」

學生：「我遲到了，所以沒有考試。」

家長：「關老師，我兒子說有去上課就是有！是你們補
　　　　習班管理有問題！」爸爸把電話搶了過去。

關關：「可是剛剛核對內容，他一項都說不出來。」

家長：「我兒子不會說謊，如果讓我發現是你在狡辯，
　　　　我們就警局見！」

關關：「這位先生、先生……」我連聲吼著。

家長：「嘟……」電話的那一頭，已經不再給我機會解
　　　　釋了。

身為班導師真的很為難，我當然可以隨便騙家長：「對！你兒子有來上課！」反正只要兩邊都不說實話，這個問題不就輕易解決了嗎？可是我知道，這絕對不是這份工作的意義，我不能昧著良心選擇成為孩子欺騙父母的幫兇。

我明明是在做對的事，卻因此第一次被家長怒吼、第一次被指控要上警局、第一次蹲在路邊哭、第一次氣到發抖……

儘管工作中會碰到許多挫折，但這些都成了我成長過程中的養分，讓我學會勇於面對任何困難，無論遇到什麼樣的「怪奇客戶」，也絕不退縮，因為**解決問題的唯一方法，就是直接面對問題！**

每一個卯起來
賺錢的招生旺季！

補習班工讀生的工作雖然看似不太起眼，卻令我獲益良多。你一定沒想到，這個和「記者」看起來毫無關聯的工作，竟讓我提早磨練出身為記者必備的最佳利器，也為了之後的工作立下了基礎，讓我能夠勇敢追夢。

每年 5 月份開始，就會展開補習班的「備戰期」，當國中生開始準備基測，緊接著有繁星、推甄、面試、申請、北北基等各式各樣的升學方式。而補習班這時就會開始舉辦招生活動，等同宣告招生大戰一觸即發！

印象最深刻的是，我早上 8 點要到學校上課，再來到下午 5 點才有課，中間這幾個小時的空檔，我就會騎著機車衝到補習班工作，因為平日的下午最安靜，不會有電話打擾，可以好好地分析不同學生的需求，準備最完善的招生策略。

我會在基測當天，背著大包小包的傳單，到北北基各個不同的考場發放，發到一半還會有人適時過來補貨，好讓我們繼續發！要一直發到晚上才能回補習班集合，互相交流與檢討每一個考場的周邊環境和戰況。

每年招生大戰的重頭戲是在 7、8 月暑假的時候，上百場的試聽會，一排排的導師在教室門口長袖善舞，迎接著不同的家長和學生，搶著為他們介紹課程。

「現在繳清學費還可以優惠 1,000 元哦！」、「今天決定的話，座位的選位會比較好。」、「先拿號碼牌，可以保留這個學期的位置哦！」我們傾聽不同家長的需求，推薦最適合的方案，就是要想辦法讓他們成功報名！

這些一張又一張的報名表，讓我拿下了全補習班的「招生冠軍」，就像是直銷年會一樣，我站上講台領取最大獎，那一瞬間，我有種自己成為象徵最高位階「頂級藍

鑽」的感覺！

一年一度的招生大戰，光是靠學生們的報名費，就能夠
讓我為自己賺到那一年的大學學費，但是比起收入，我
更感謝的是這些工作經驗，這幾年的磨練，讓我獲得了
在學校學不到的技能，我學著和不講理的家長溝通、學
著面對整班頑皮的學生、學著……，我從不後悔這段在
補習班辛苦打工的日子，即便只是個工讀生。

比起結果，更重要的是過程

每當學期結束時，補習班最在乎的就是「留班率」，而這也關係到我的業績，所以讓同學留下來，繼續在這裡補習，是身為總導師的我的責任！所以我必須找個絕佳的時機，提醒同學繳交下學期的學費，同時也考驗我說話的技巧。

看著沒填滿的續報單，我花了好多心力了解這些學生離開的原因，甚至把他們一個一個約來補習班聊聊，打破砂鍋問到底，就是要知道到底是我們教得不夠好？還是學生們另有其他規劃？

當我分別和這些學生懇談完以後，得到了不同的答案：
1. 下學期全家要移民到英國，沒要繼續在台灣生活；
2. 一位高職生，覺得想學的東西跟補習班教的不同；

3. 成績不好的學生，真心覺得補習班教的不是他想要的；

4. 家離補習班太遠，覺得來回舟車勞頓太累了；

5. 一個又是……

是啊！明明只差幾個人報名，就可以達標領取獎金了，
或許只要我再多費點唇舌，就能說服他們再續報一學期，
但我選擇不這麼做。當我個別懇談後，了解他們確實有
自己的人生規劃，我更尊重同學們的安排，轉而祝福他
們未來能有更好的發展。

即使在其他主管的眼裡，我就是一個沒達標的總導師，
不過我很清楚，這樣的留班成績或許不是最漂亮的，但
卻是我最對得起自己和心滿意足的結果。

在補習班工作的日子很特別，這四年除了讓我急速社會
化外，更重要的是，我學會了「傾聽他人的聲音」，而
這樣的特殊專長，也成為我之後當記者的最佳利器。

23 歲那年，
我存到了人生第一桶金！

我的人生法則就是「不抱怨，做了再說！」因為抱怨別人很容易，抱怨自己才難！

就這樣，4 年的時間過去，我存下的錢連我自己都嚇一跳，我居然存到了人生的第一桶金！平時住在家裡、通勤都騎機車、沒什麼特殊開銷，更從來不敢妄想出國玩，我把賺到的每一塊錢，都硬生生地存了下來！

因為我真的不敢想像，當我畢業走出校門的那一刻，我的帳面上是「負債 50 萬」；還好，我沒有過著負債人生，而且不但為自己賺了 4 年的學費，甚至還超標存下了一筆存款。這都要歸功於我那勇於追夢的性格，若不是為了那個「不被祝福的夢想」，或許我會和大多數大學生一樣，盡情享樂，舒舒服服地度過大學四年。

我常常在心裡問自己，如果一畢業就有負債……
我為什麼現在不繼續留在補習班打工？
我憑什麼去追求進入電視台工作的夢想？
我有什麼資格說：「我要去做我想做的事情！」

於是我……不是在工作，就是在前往工作的路上。

或許會有人覺得，學貸可以等畢業有收入後再慢慢還，
應該盡情享受美好的大學生活，這四年都拿來打工賺錢
未免太浪費了，又或是覺得我應該適時放鬆、兩者兼顧，
不需要如此拚命地耗盡全力和自我約束。

但是說真的，我一點都不後悔，能在畢業之前讓負債「歸
零」，這對我來說，比起享受大學生活更重要，也相對
獲得更大的安穩，因為我終於，能！呼！吸！了！

畢業後的人生，才是我真正勇敢追夢的開始！

Chapter 3

追星族的
迷弟日常

匡是的小孩不會變壞，
只要匡對了偶像，
反而會得到更多能量。

跟爸爸拿錢買的第一本書……

我從小就是一個追星族，喜歡每個假日跑西門町參加簽
唱會，每天放學衝回家看《完全娛樂》、《娛樂百分百》，
等到 10 點還要看《我愛黑澀會》、《康熙來了》。身為
資深追星族的我，一定要和大家分享我在追星路上的收
穫！

「爸，我想要買一本書！」
「好啊！買書當然可以！」
「可是…是蔡依林的單字書！」
「威～～～～」爸爸當場綜藝摔。

學生時期每一餐的便當錢，我都只用來買一個麵包，為
了就是要把錢省下來，等週末時去參加歌手的簽唱會。
那時的西門捷運站就像是我的後花園，各大明星都會在
這裡舉辦活動，而我從來不會缺席。而且我還有「追星

強迫症」，不論是預購版、正式版還是改版，我通通都
要蒐集，就連現場多送的一張海報，我都不會錯過！

還記得以前和家人假日去逛大賣場，我第一個衝進的不
是美食區，而是走到影視區，看看最近的排行榜、新專
輯，就算所有音樂作品都是封著塑膠膜，也不影響我試
圖端倪的心情。

甚至有一次趁著爸爸不注意的時候，偷偷拿了一張王心
凌「DA DA DA」的精選輯，塞進了裝著高麗菜和拖把的
購物車裡，順利偷渡結帳成功！為此心滿意足高興了好
久！

追星是我學生時期最大的樂趣，對於哪一個歌手簽給哪
家唱片公司、專輯賣了多少、MV 跟誰合作……我的腦
中就像是有個專門儲存的資料庫，有關追星的事情全都
一一存入。一有明星打了個噴嚏，我的世界就像是震了

一下，深怕沒有關注到最新的消息，想必這也為我奠定
了後來成為「娛樂記者」的基礎。

其實在我們的生活裡面，只要值得學習的對象就是偶像，
如同古人說的「三人行，必有我師焉。」不論是出現在
電視上的明星、生活中的師長，每一個人都有值得我們
學習的地方，他們就是那顆閃耀的星。

從來不覺得「追星」有什麼不能啟齒，我總是很驕傲分
享著自己喜歡的偶像明星，可以在班上大肆討論前一天
的綜藝節目、可以在車上和同學一起哼著最新的主打歌、
可以在家裡看著電視笑到失聲，這些就是我的童年日常，
你呢？

因為追星，
讓我學會成為時間的主人！

熱愛追星的我總是費盡心思，提前上各大唱片公司網站、聯合追星網、唱片行網站，用盡方法查到每一場活動的時間。每次最害怕的就是歌手終於公布了簽唱會日期，但偏偏剛好下個星期就是學校的期末考。

印象最深刻的是，有一次王心凌的簽唱會剛好辦在考試前，對當時的我，根本可說是「蠟燭兩頭燒」，想要做好粉絲的角色，也想要做好身為學生的本分。

於是當天我起了個大早，早上 8 點先到圖書館的 K 書中心卡位讀書，到了下午 2 點，心想簽唱會應該開始了，假設王心凌唱了兩首歌，再加上媒體聯訪，以及幫排在前面的歌迷簽名的時間，估算自己 3 點半出發應該差不多。

當時抱著忐忑的心情到了現場後發現，超！級！幸！運！
剛好簽到剩下最後 50 人左右，所以我就在幾乎不用排隊
的情況下，成功獲得簽名！簽完名後的我還守在樓梯口，
想要趁著王心凌離場時，用力向她揮手，看有沒有機會
再和偶像握一次手，直到心滿意足，才衝回圖書館準備
考試。

如果你也有相同經驗，你一定知道過去最熱門的地點是
「西門町屈臣氏前廣場」，因為那裡來往的路人比西門
紅樓還多，當時只要能搶下週末場地的歌手，在這裡辦
活動絕對大賣，不但會有飯店的人開窗觀看、路過的人
駐足聆聽，可說是誰搶到誰最大！

有一次為了參加 S.H.E「Play」專輯的簽唱會，為了彌補
前一張專輯排到晚上沒簽到名的遺憾，我和朋友約好早
上 7 點就出門，我還記得朋友從基隆搭著客運來，我們
吃著麥當勞早餐，坐在 30 度高溫的地板上，彼此分享著

有多愛這張專輯，輪流去買水和食物補給，直到下午簽
唱會準時開始。

記得簽完名的當下，我感覺自己臉紅和心跳加速，第一
次這麼近距離看著「亞洲女子天團」，是如此親切可愛，
但後來摸了摸自己的額頭，才發現除了興奮以外，是真
的中暑了！

因為從小追星，我意識到「時間有多麼珍貴」，每個人
一天都只有 24 小時，要好好善用自己的時間，才能完成
更多的目標。

自以為成了
娛樂圈的儲備幹部

因為喜歡王心凌，所以開始養成了瀏覽奇摩家族的習慣，奇摩家族是 80 年代最夯的追星產物，裡面有討論區、寫真集、檔案庫等，大家都會在第一時間分享第一手消息，舉凡是和偶像明星相關的資訊都可以從中找到。

於是我加入了奇摩第一大家族「王心凌夢工坊」，在上面積極地跟大家交流，還遵守了家族的發文規定：

《新聞》王心凌新專輯開始預購了！
《討論》你們不覺得這次舞蹈又更難了嗎？
《活動》新專輯預購簽唱會一覽表
《徵求》一起來「娛百」錄影的請報名

不知不覺就這樣參與了好幾年，獲得了「家族家長」的首肯，讓我升格成為家族的「副家長」，繼續努力耕耘了一、兩年，直到原本的「家長」面臨升學考試，無法再將重心放在家族時，使我再度晉升為家族的家長之一，和其他家長共同管理最大的家族。

還記得有一次王心凌爆出分手的新聞，我們後援會在粉絲團發表了一首歌叫《愛情加油》，竟然被新聞媒體引用成「分手心情」。為了解決這個誤會，我還親自打電話到報社，請他們把歌曲出處更改成粉絲後援會，因此「關先生」就這樣登上了新聞報導，也成功為自己的偶像澄清。

自從接下「家長」職位的那天起，我每天起床後第一件事情就是整理新聞報導、貼新聞、搜尋藝人最新動向等，現在想想，那樣的日子，似乎跟當記者時沒兩樣。我想，那就是我成為娛樂記者的「第一步」吧！

在偶像面前，
說了一個冷笑話……

「喜歡王心凌」這件事幾乎已經和「關韶文」三個字畫上了等號，在我大一那年，王心凌發行新專輯「心電心」，配合電台宣傳來到世新大學，學校班聯會徵求了兩個最愛王心凌的粉絲到場，在眾多報名者中，我殺出重圍，成為其中一名幸運粉絲！

巧的是，另一名幸運粉絲是和我一同管理「王心凌夢工坊」的家長，同時也是世新新聞系的學長，我們兩個就這樣「狹路相逢」，在活動上碰頭。

那次活動的主持人是活力 DJ「阿娟」，請我們兩個粉絲拿著大聲公，輪流站在旋轉樓梯上，大喊自己有多愛王心凌，只記得當時古靈精怪的我，講了一個超級尷尬的冷笑話，現在想起來還是忍不住冒冷汗……

「王心凌！妳知道為什麼這次『心電心』要來世新宣傳嗎？」

「為什麼？」

「因為，『心電心』離我們學校旁的新店溪很近！」

「哈哈哈哈哈哈哈哈～」

笑話一講完，我們倆單膝下跪，各自朝王心凌伸出一隻手，5、4、3、2、1，沒想到王心凌居然選了我！真是讓我又驚又喜，還在她的超大人形看板上簽名，送給我當禮物。

但是學生時期的我，根本捨不得花錢搭計程車，於是我決定直接扛著1：1的王心凌人形看板走到捷運站，再搭捷運回家，一路上可以感受到來自四面八方的目光。那天起，全世界都知道我是王心凌的頭號鐵粉了。

追星族的共同回憶：
水果茶的飲料瓶蓋！

有在固定收看《我愛黑澀會》的觀眾，一定都喝過「Le Tea」，每年為了要參加 Channel [V] 音樂台舉辦的演唱會，都要喝上好多瓶，才能收集瓶蓋換到演唱會的門票，雖然說是「門票」，但還不能保證入場，只是獲得當天可以到現場排隊的認證而已。

有一年，我費盡千辛萬苦終於換到了門票，沒想到當天偏偏發起了高燒！但這張門票真的太珍貴了，而且這樣的大型拼盤演出一年只有一次，我實在捨不得放棄這得來不易的機會。只記得我買了兩、三罐舒跑，又再抓了兩個暖暖包塞進包包裡，堅持坐在中山足球場的看台區，頂著高燒吹了一整晚的冷風，為的就是要聽到「黑澀會妹妹」唱的「姊姊妹妹一起笑，開朗微笑做號召……」

那時在中山足球場看演唱會，如今已屬於八年級生的共同回憶了！幾乎所有明星都會在演唱會中，碰到飛機從頭頂上飛過，然後停下 Talking 和天空打招呼。當年的中山足球場，現在已成了花博園區，而這些回憶，就像是追星族的「歷史故事」。

值得一提的是，當年飲料廠商接連推出不同口味，也找了許多大明星代言，像是楊丞琳《慶祝》、張韶涵《C大調》等歌曲，都少不了這個飲料品牌的身影。身為「腦粉」的我，好像什麼口味都喝過。如果問我追星是什麼味道？我想大概就是水果茶的味道吧！

嘴上說羨慕，
內心卻充滿嫉妒

在追星的路上，我看過不少的「前輩」。

例如，全身穿著「StayReal」，手機只放五月天的歌；休閒娛樂是手作翻糖蛋糕，永遠只聽蔡依林的舞曲；電視劇只看楊丞琳主演的，楊丞琳代言什麼就跟著買什麼。

許多經濟能力許可的粉絲，甚至會為了追星環遊世界，飛到不同城市的場館看演唱會。當時的我總是安慰自己，在台北的演唱會，跟其他城市沒有什麼不同，沒有一定要出國看演唱會，於是我更加努力存錢，只是為了看一場演唱會。但是看著許多朋友，一個一個飛出國追星，還因此交到了許多好朋友，不得不說，真的讓我超級羨慕。

「**因為有了慾望，開始學著為自己規劃。**」當時一個月的零用錢只有 8,000 元，一場演唱會的門票至少要 1,000 元，所以一個月大約只剩下 6,000 元可以使用，平均一週只能花 1,500 元。幸好，當年可能只需要花 3,600 元或 4,000 元，就能坐在小巨蛋一樓的搖滾區了。如果我還想多買一些週邊商品，或是不同版本的專輯，就必須再更省一點。

終於，在一個正中午，我小心翼翼捧著存了很久的零用錢，走到了超商售票的機器前排隊搶票，前面早已排了兩條長長的人龍，全都在等 12 點整的到來。5、4、3、2、1，S.H.E「移動城堡」售票演唱會正式開賣！我緊張到在原地不停跺腳，深怕前面的人操作太慢，幸好輪到我的時候，還有票！最後終於在 12：04 搶到兩張紫 2E 區的票！YES！我終於可以去看演唱會了！

或許有人覺得很瘋狂，或許有人覺得沒必要，不過身為一個高中生，能為了自己的「目標」向前邁進的感覺卻很踏實，因為追星所花的每一分錢，都是努力省吃儉用得來的結果。**靠自己的力量獲得成果，特別有成就感！**

直到我當上記者以後，開始有了海外出差的機會，才終於能飛到不同城市的場館看演唱會，但偏偏放不下手上的工作，必須忙著拍攝、寫稿、上傳影片，而無法專心享受。

於是我又幫自己設定了一個小小目標，等我有了足夠的收入後，一定要靠自己的能力，飛到別的地方去支持自己的偶像。畢竟，一場好看的演唱會，不論看幾次都不會膩，就像是楊丞琳的「青春住了誰」，我至少看了8場，場場都有不同的回憶與感動。

原來，
演唱會也可以看到哭！

自從看了人生的第一場小巨蛋演唱會後，開始養大了我的胃口，想要越坐越前面，還幻想自己努力揮手，台上的歌手就會跟我對到眼，然後給我一顆小愛心。

之後連續參加了好幾場小巨蛋演唱會，蔡依林「地才」、S.H.E「愛而為一」、張韶涵「百變張韶涵」，每次坐在台下揮著螢光棒，跟著唱、跟著哭、跟著笑，總是會被現場氛圍感動，我想這就是演唱會的魔力吧！

「終於思念的人相聚，終於所有的傷痊癒，花又開好了，終於，心又長滿了，勇氣！」說到最感動的一場演唱會，莫過於 S.H.E「2GETHER 4EVER」演唱會，全場跟著唱的「S-H-E-R-O - S-H-E-R-O-」，當 Selina 第一個出現在舞台，我立刻全身雞皮疙瘩掉滿地，因為那是 Selina 浴

火重生後的第一場演出,看著她們三個女孩站在台上,站在大家眼前,勇敢喊著:「我們是 S.H.E !」

演唱會的慶功宴後,新聞報導一篇篇曝光,Hebe 對著媒體說:「最感謝的人是 Selina,因為如果沒有她的努力,就沒有這場演出。」身為現場觀眾的我,看到這兩句話,不禁潸然淚下。

我始終相信,追星的小孩不會變壞!只要追對了偶像,並將追星的渴望轉換成正向動力,從偶像身上學到做人處事的道理,就是一件很勵志的事!

Chapter 4

從實習生開始，
一步一步朝夢想前近

「夢想」是什麼？
夢想是成為小時候想
成為的大人！

你是小時候想成為的大人嗎？

大四那一年，我提前進入職場，開始了我的「傳播人生」，本來以為只要把在學校裡學到的好好表現出來，就可以在工作上表現亮眼！沒想到出了社會後，才發現「學校裡學的東西，真的只能用在學校……」

一年 365 天，假設每天帶一樣新東西回家，至少會有 365 樣，偏偏我並沒有 365 個櫃子。因此，每一年過年大掃除，我都會把家中的書櫃再整理一次，有次不小心翻到了一本小學的校刊，正在思考要不要回收時，看到了「作者關韶文」，對！就是我的名字！

原來我小學六年級時所寫的文章就被刊登在校刊上了，沿著目錄翻到那一頁，看見我用記者的口吻以文字轉播著一場運動會，「各位觀眾大家好，又到了我們 Live 節目了，最近的天氣非常適合舉辦校園運動會，就在今天，

我們將迎來 50 週年校慶，而現在，先把畫面交還給棚內主播。」

從小愛寫作文的我，每天都會逼自己背完一則成語故事，還常常模擬記者的狀況劇，和朋友玩起角色扮演。假裝今天發生地震或颱風、假裝正在舉辦熱鬧的活動、假裝是在誰的記者會現場，然後拿著礦泉水瓶當麥克風，自己跟自己連線，最後再用手摸摸耳機點點頭，結束 SNG 連線。

常常有人問我，你覺得「夢想」是什麼？
我的答案是，「成為小時候想成為的大人！」

而我，確實一直都在成為自己喜歡的樣子這條路上前行，也一直在努力地靠近自己的夢想。

每一件不想做的事情，是為了以後做「自己想做的事！」

大四那年，我刻意將所有必修課程排在同一天，為的就是要把剩下四天都拿去華視實習。明明系上規定一學期只要實習 140 小時，就能拿到兩個學分，但我卻為了能多學一些，遠遠超過這個時數。而且當時有薪實習還不盛行，所以我的實習完全是出於自願，即便一毛錢也沒賺，還是覺得很值得！

身為一個實習生，我每天早上 9 點準時進辦公室，先幫忙澆花、掃地，接著協助整理報紙、影印所有跟部門有關的報導。可能有些人會覺得這是無關緊要的小事，但是對我來說，每一件事都是在累積我的工作經驗。

例如，當主管請我幫忙裝訂資料時，我就趁著紙張從印表機出來的時候偷看；當同事請我協助整理歷年企劃案，我就邊翻邊學，看看前輩都怎麼提案；當跟著主管去見客戶，我就穿上襯衫，把自己當成部門的正職員工；當

有人說要喝飲料，我就主動第一個舉手幫大家叫外送。

當有些大學生總是在夜衝、夜唱，盡情玩樂享受時，我大四那年的白天在電視台實習，實習後則是衝去補習班打工；結束半年的實習後，我回到了校園，雖然看起來只是修完了兩個學分，但我就像是一塊海綿，已經從提前踏入的職場中吸取了許多水分，對於畢業後的生活更是蓄勢待發。

雖然實習期間，不是每件事都是我喜歡做的事，但我知道，這都是過程，這是活成自己喜歡的樣子的必經之路，每一件不想做的事情，是為了以後做「自己想做的事！」

畢業後，很可惜曾實習過的單位並沒有職缺，但沒想到部門主管居然為了我特地寫公文申請，開了一個「專案助理」的職缺，雖然不是什麼了不起的職務，但對一個社會新鮮人來說，已經是一盞排隊也求不到的光明燈。

一次做 4 份工作的斜槓青年

染頭髮、戴耳環、愛穿帽 T 的我，在進入職場後面臨了和主管的第一次爭執。22 歲的牡羊座，衝動、血氣方剛，對著主管喊著：「客戶會喜歡我就是會喜歡！不會因為我染頭髮，就認為我不專業！」沒想到，我曾經以為活潑的傳播圈，原來也有這樣的傳統包袱。

事實上，在進入電視台工作前，我曾一度猶豫是不是要留在補習班當總導師，一個月的薪水加上獎金差不多有 5 萬元，對於社會新鮮人來說，是很高的薪水。但我偏偏選擇了起薪只有 2 萬多的電視台，原因只有一個：我背了 50 萬元的學貸，如果最後沒嘗試過傳播圈，那豈不是白忙一場了嗎？

一個月 2 萬多的薪水在台北生活是非常不足的，為了有更好的生活，我「不得不」斜槓，在 22 歲這一年，我一

口氣做了 4 份工作。

平日白天：華視正職。

平日晚上：三立電視「完全娛樂」節目兼職。

一、三、五晚上：成立自己的部落格，開始寫食記。

週休六日：補習班兼職。

一個星期七天，我每天都要工作，幾乎沒有喘息的機會。只記得，每次騎車趕上班的時候，我都會哼著楊丞琳的《匆忙人生》，歌詞這樣唱著：「一清早起床恍神的刷著牙，熟練換上了像盔甲的武裝，頭頂著太陽，拖著沉重步伐，這一切不都是為了我們的夢想。」

是啊，這樣日復一日，從不間斷地在台北的街道來回奔波，不就是為了我的夢想嗎？

在辦公室和主管大吵了一架！

在華視的日子，說無聊並不無聊，說好玩也不好玩，我們就像是一個行銷部門，做著各式各樣的提案。畫過 LINE 貼圖、辦過全台灣巡迴講座、翻譯過全英文的大型演講、拍攝過不同新聞的採訪畫面，我們就像是代理商，服務著來自四面八方的客戶。

掛名助理的我，有時候做完事情就想下班，對！在其他資深同事的眼裡，我就是天天只想要準時下班的人，但沒人知道我是默默跑去兼差。趕時間的我，有時候還要先把包包偷放在走廊，聽到主管的高跟鞋聲音經過後，立刻繞道從另一條走廊衝出辦公室。

而這也就是在亞洲職場上很難避免的情形，好像最晚走的人才是最辛苦的人。

有一次太早下班，沒協助前輩完成工作，而被主管約
談……

主管：「你為什麼這麼早下班？」

關關：「我薪水只有2萬6，我覺得我做的事情夠多了。」

主管：「那你下班前至少先問一下，誰還需要幫忙？」

關關：「可是如果我問了，真的有人要幫忙，我就不能
　　　下班了！」

主管：「但我在忙，還沒來得及交代事情，你就走了！」

關關：「那麻煩你以後請先交代我，我會在上班時間內
　　　做完。」

身為新人的我，處在最尷尬的夾層，同事們雖然佩服我
敢這樣頂撞上司，但也有前輩覺得我不禮貌和太衝動了。

隔天上班時，我便收到了一封很長的Email，裡面列了
10項根本不可能在一天內做完的待辦事項。一到了6點
下班時間，前輩竟然拿了包包直接走人，只留下一句：「韶

文，剩下就交給你了！」

硬脾氣的我，一個人留在辦公室，就這樣做到了半夜 2 點，真的把 10 項待辦事項做完了，並且在逐一回信的時候，偷偷「密件副本」給大主管，我以為這樣做很帥氣，偏偏隔天大主管一鍵按下「Reply All」時就直接破功了！

我不確定身為一個新人，在職場上這麼衝動是對還是錯？但我很確定，這樣的傳統職場環境，可能不是我喜歡的。

我真的愛我的工作嗎？

我曾經，為了製作專案贈品而大宗訂購了好幾箱耳溫槍，卻忘了請廠商貼上貼紙，只好一個人一張張地補貼上去；我曾經，做了幾萬支的螢光筆，但漏掉請廠商分裝，只好拜託同事幫忙理貨；我曾經，為了節省專案支出，在辦公室列印了上千份講義，抱去高雄發給學員；我曾經，打遍了無數家印刷廠電話，要到最低的報價，獲得了最高的利潤。

對於一個職場新鮮人來說，協助經手過不少大案子，一次就是好幾百萬的預算，每每順利結案後，雖然有成就感，但在這樣朝九晚五的日子裡，心中仍有股莫名的空虛。

可能因為服務的客戶大多是公部門，海報主題總是「勤洗手」、講座主題總是「米食營養」、提案活動總是「拒

吸二手菸」，這樣的工作內容，讓我覺得自己的幽默感
被壓抑了，沒有舞台能夠讓我盡情發揮。我想要大聲笑、
我想要吶喊夢想、我想要染頭髮、我想要戴上耳環！

就在某一個加班的夜晚，埋首寫著企劃時，我翻著過往
的得標案例，看見了「金鐘獎提案」、「跨年晚會提案」，
頓時內心出現了一個聲音，「這才是我身為電視人的夢
想啊！」

感覺就像迷失了很久，突然找到了方向，於是我在上班
時間偷偷查了人力銀行網站，看到了「完全娛樂」的職
缺，立刻寄出了改變我人生的一封 Email。

正在發光的夢想，
就是這裡了！

去「完全娛樂」面試這一天，是我人生第一次踏入所謂
的「商業電視台」，一樓大廳掛著各式各樣偶像劇的海
報，走廊貼著每一檔行腳節目的照片，走過每一個攝影
棚都亮著燈，每個角落都喊著「5、4、3、2、Action！」

「這不就是我夢寐以求的電視台嗎？」、「我有新鮮的
肝啊！我不怕熬夜！」我帶著一本厚厚的履歷，裡面寫
著從大學到畢業以來的每一個作品，準備展現自己最有
自信的一面。

第一次和製作人面試，我至今仍難忘我的白目……
製作人：「你的履歷不錯，你多久可以來上班？」
關關：「我……可能要明年！」
製作人：「蛤？？？？」

關關：「因為我和現在的公司有簽約，但我真的很喜歡
　　　這裡，希望年底你們還會缺人。」

面試後的這半年，我每天重複刷著人力銀行的頁面，盯
著三立電視的職缺，深怕他們不缺人了！我把三立電視
所有總機、分機都加入了通訊錄，深怕錯過任何一通未
接來電！

到了年底，華視幫我加了薪，我又續約了，但偏偏就在
隔天，我接到了這通電話……
三立主管：「韶文，我記得你說你年底可以來上班。」
關關：「我……昨天才被加薪……」
三立主管：「好吧！那謝謝。」
關關：「等等！你們缺工讀生嗎？我可以去幫忙。」

在我再三拜託之下，終於獲得了工讀生的機會，於是我
每天從華視下班後，都會趕到三立電視的「完全娛樂」

打工，做著無聊又不起眼的工作。

像是一個人從片庫抱著一大疊錄影帶，扛到剪接室開始播放，協助抓出音樂版權和節目內容建檔，再一個人 Key in 完後抱回片庫。

即使看似例行性的工作，我做起來卻特別有勁，因為我從來沒有想過，從小看娛樂新聞長大的我，現在竟然有機會坐在剪接室，成為這個節目的一份子！

在內湖舊宗路 159 號，吃著電視人最愛的「小肥便當」，怎麼吃起來比在光復南路還好吃？如果你問我這是什麼味道，我會很矯情地告訴你：「這就是夢想的味道！」

Chapter 5

菜鳥娛樂記者的
傳統媒體漂流記

平時一定要夠努力，
才能在機會來臨時，
充滿自信地把握住。

我拿到了我的記者證！

從在三立打工的那一刻開始，我就已經徹底發現，「這裡是我最喜歡的地方！」在工讀的日子裡，我總是用積極的態度面對所有難題，哪裡有需要我的前輩，我就會出現！

終於在前公司合約差不多告一個段落時，我決定勇敢挑戰一次自己。在某天晚上打工時，我不小心聽到了有位前輩要離職，於是在我當天工作結束後，便主動和主管表明，「我前一份工作即將結束了！」

當時有兩個職缺，一個是節目製作企劃、一個是娛樂記者，我思考了一下，即便自己沒有足夠的經驗，但還是想要試試看「記者」這份神聖又有趣的工作，於是因此開啟了我的人生新篇章。

23 歲的我，懷抱著熱情進入了夢寐以求的行業，根本不懂什麼記者光環，我只知道，我的公司變遠了，從家裡騎車到內湖至少要半小時，不管艷陽高照還是颱風下雨，我都要完成身為記者的使命。

至今仍記得上班的第一天是 2014 年 7 月 15 日，前輩帶著我跑的第一場記者會是郭靜《即溶愛人》的新歌發表會，我彷彿是一隻迷途羔羊，在記者會現場跑來跑去，看到咖啡也不敢喝，舉著麥克風也不敢發問。

看著舞台上熟悉的主持人，就是我小時候參加簽唱會的 DJ，我一度反問自己：「我怎麼會出現在這裡？」

像是到了一個格格不入的地方，有一種既熟悉又陌生、角色錯亂的衝突感，卻是我期待已久的美麗新世界。看著每一個人各司其職，於是我在心裡默默下定決心，給自己三個月的時間，充分了解有關這份工作的一切人事物，讓自己盡快上手，成為不可或缺的即戰力！

小時候的偶像，
一個一個出現在我面前

身為娛樂記者，其實最忌諱的就是「不專業」。因為工作的關係，比較容易見到自己的偶像，擔心因此失去了該有的專業；然而娛樂記者這一行，最需要的也是「追星」，才能更了解藝人的一舉一動，真心對自己的工作充滿熱情。

我印象最深刻的訪問，是當記者滿一年後碰上了王心凌發行新專輯「敢要敢不要」，同時宣布出道以來的首場小巨蛋「Cyndi Wants!」。我請前輩幫我聯繫唱片公司，敲到了半小時的時間專訪，還為了這件事情失眠了好幾天，擔心自己太過興奮、擔心自己狀況不夠好、擔心自己……

我在家裡翻箱倒櫃，找出了 15 年以來的蒐藏，包含王心

凌代言過的飲料罐、限量預購的遮陽帽、改版限定的海報、參加活動得到的大型看板，我坐在地板上反覆看了看，決定把這些全都帶去訪問現場。

我扛著所有「王心凌古董級蒐藏」，特別跑去三立其他部門借好了會議室，提前把東西一個一個擺好，等待天后到來！我還記得，當王心凌如同女神般走入會議室時，我整個人都在發抖，深怕自己表現不夠好。

「歡迎收看今天的完全娛樂，掌聲歡迎我心中的天后王心凌！」我鼓起勇氣面對鏡頭喊著，雖然這不是我第一場訪問，但卻是我最緊張的一次，幸好王心凌遇到熟悉的人總是特別放得開，我們在節目中不斷打鬧製造笑料，而這集片段也在後援會的社團裡瘋傳，收到了許多正面的評價。

不論是訪問自己的偶像，還是自己不熟的歌手，其實每次的訪問對我來說都很不容易，看似越輕鬆的問話，其

實背後要做海量的功課，才能在受訪者不經意回答出來時，用最快的速度接話：「是！我知道！那次你……」

因為喜歡準備的過程、因為喜歡娛樂圈，才能讓受訪者感到安心，這也是我不斷提醒自己的，不論工作有多忙，都一定要把自身的本分做好，才能讓受訪者和唱片公司感到信任。

現在回頭看，翻到當時訪問的照片和花絮，我以「王心靈老師」的人設登場，戴著假髮、幫她算命、預測演唱會票房，想起來還是覺得好荒謬，但是真的好難忘自己曾經這麼瘋狂過。

我的聲音，
不適合成為一名記者？

如願成為記者後，看似達成了夢想，但這一切卻沒那麼簡單，必須克服種種困難，才能成為一名合格的娛樂記者。令人意外的是，我一步一步慢慢走，居然走出了一條屬於我的路，「關式訪問」逐漸浮上檯面……

當上記者後，最期待也最緊張的部分就是「配 OS」，我期待可以拿著麥克風，在剪接室裡面唸著：「甜蜜教主王心凌 23 日下午在台北西門町舉辦首場預購簽唱會，挾帶著高人氣和買氣，相隔兩年終於回歸……」

還記得第一次走進剪接室，拿起麥克風錄音後，配出來的聲音卻跟我認知上「電視上的聲音」有很大的落差，甚至連自己也有種「這聲音不適合出現在電視上」的感覺。

先天聲音偏高的我，聽起來好尖銳，我試著壓抑情緒，用更低沉的聲音重配了一次，不曉得怎麼回事，就是覺得哪裡怪怪的。

但是為了讓自己的「聲音」可以上電視，有一次我偷偷剪完了八三夭的發片記者會新聞後，到剪接室配好了OS，在未經主管的同意下，直接把播出帶送了出去。

那天晚上 6 點，全辦公室圍在一起等著最新一集的《完全娛樂》播出，沒想到恰巧播到了這條新聞，當下空氣突然安靜，原本以為會挨罵，但還好主管只是私下提醒我：「以後新聞還是要給我聽過，才能播出哦！」

過了試用期後，工作量日益增大，我完全沒有時間可以好好練習自己的咬字和口氣，所以這兩年來的每一條新聞，我都是把落落長的稿子放在同事桌上，請他們幫我配音，我再另行後製剪輯。

我知道自己的聲音並不是傳統新聞的 OS 聲音，就連家人
收看時，也看不出哪一條新聞是我製作的。雖然很灰心，
但是我告訴自己，總有一天，我要讓全世界知道，當你
們聽到這個特別的聲音時，就會知道「這是關韶文的聲
音！」

面對自卑，
才能夠找到自信

其實除了聲音以外，在記者路上讓我感到最大困擾，同時也是最令我自卑的就是我的戽斗外貌了。每當我提起這件事情，很多人總是會安慰我，「不會啦！很可愛！」、「我們真的看不出來！」、「又沒有關係！」這些好意我都心領了，但旁人真的很難想像這在我心中的陰影面積。

從小就知道自己的下排牙齒長在外面，因為家中經濟條件不允許，沒辦法讓我在成年時做正顎手術。還記得在我要當記者的前一個月，曾瞞著家人偷偷前往牙醫尋求協助，還自費花了 3,600 元的檢測費，希望能有一道曙光；沒想到檢測結果依舊告訴我，「你確實要做正顎手術！」這筆高達 50 萬的手術費，對於當時的我真的無力支付，於是只好把這個心願深深地埋進了心底。

咬合不正不打緊，吃東西咬不斷也沒關係，最令我感到
苦惱的就是「咬字」，因為牙齒排列和常人的生理構造
不同，導致我部分注音像是沒捲舌的ㄕ、ㄘ、ㄙ都發不
出來，所以我從小就拿著墊板練習，把我所有發不出的
聲母打叉，並自己練習用不同的詞彙去代替，像是「洗
澡」我就會說「淋浴」。

印象最深刻的大概是在學校的日子，當時最紅的是吳克
群《大舌頭》這首歌，同學們總是會說「副歌給你唱！」；
到了大學時期出了最紅的公仔「戽斗星球」，每一次只
要有人想扭蛋，我就會默默離開現場，走到另外一個攤
位買我的蔥抓餅加蛋。

「想要成為一名記者，必須要有清晰的口齒。」至少在
學校是這麼學的，我知道自己沒有辦法好好幫自己的新
聞配音，那我就想辦法發揮我的特色，例如在訪問時，
我想盡辦法問最好笑的問題、我努力花時間做最多的功
課，讓每一個藝人都知道，他們的作品很被重視，我想

這是我唯一能做的了。

過去曾經很期待在電視上聽到自己的聲音，但我知道以我當時的能力，可能沒有辦法一步登天，因為我沒有足夠的時間好好練習咬字和說話，也怕硬要配音而拖累了其他同事，只能告訴自己，「只要努力把採訪做好，我的聲音到哪裡都會被聽見！」

果然，過了好幾個月以後，雖然沒辦法聽到我的新聞配音，可是卻因為我出其不意的搞怪提問，讓我的聲音出現在各家電視台的新聞裡，這也算是意外的收穫吧！

菜鳥記者最糗的一件事！

娛樂記者通常會分成不同的組別，像是我們節目單位掛在電視台旗下，就不太可能去跑別家的戲劇，主要會以自家戲劇為主，其他則用唱片和電影類型來分給每一個記者。

在市場最蓬勃的時候，光是唱片公司就有十幾家，當然不可能一個人跑完所有新聞，所以會按照每間公司天王天后的比例來分配，每一個記者手上都有幾家大唱片公司和配幾間小唱片公司，有時候幫忙做一些新人專訪，同時期待著未來有一天可以訪到同公司的大咖歌手。

在以前沒有雲端檔案的時代，所有的檔案都是透過「快遞」傳送。每天我們進公司時，都會收到一大堆快遞，有些是錄影帶、有些是光碟片、有些則是 USB 檔案，我們都要用最快的速度分類和建檔，內容當然包含了各種類型，像是 MV 檔案、MV 花絮、歌手錄音、歌手 kala 帶……

我記得當時收到來自福茂唱片的快遞，上面斗大的字寫著「韋禮安 沉船有字MV」，身為韋禮安樂迷的我，當然第一時間向主管報稿，毛遂自薦表示可以出這條新聞，並且火速整理了相關的檔案和文字內容，衝進剪接室完成這條新聞。

當我自信滿滿準備出檔案時，看著畫面上壓著大大的資料來源，「畫面提供：福茂唱片／音樂來源：歌曲 沉船有字」，我越想越覺得不對，怎麼會有歌曲叫做「沉船有字」？天真的我開始腦補，想說會不會是類似鐵達尼號，在沉船了以後才發現其實船身有刻字，而成了絕美的愛情故事！

我立刻上網double check，看到各大歌詞網和音樂平台都是寫著「沉船」，那請問我收到的「有字」是什麼意思？我趕緊打給唱片公司窗口詢問此事，才知道原來檔案有分成「有上字」跟「沒上字」兩種，方便媒體製播新聞使用，這才發現自己誤會大了！還好在最後一刻懸崖勒馬，不然大家那天打開電視就會看到，來自關韶文的報導「韋禮安新歌 沉船有字」。

最無聊的搖滾團體，
卻是最深得我心的「八三夭」

剛進完娛上班的時候，碰上了八三夭換鼓手的變動期，
菜鳥記者碰上了演藝圈的新鮮人，每一次訪問的時候特
別喜歡看他不知所措的樣子，只要不按牌理出牌丟出一
個怪問題，就能看到鼓手阿電微妙的反應，也成了我的
最大樂趣。

那張專輯是《大逃殺》的宣傳期，為了營造「大逃殺」
情境感，同事特別找了一個新北市的海邊沙灘，所有人
一大早就驅車前往，決定要在沙灘玩一場「大逃殺」。

本來以為要當工作人員協助搬運道具的我，前一天才得
知原來我要扮演「關主熊」，負責干擾來賓闖關任務。
頂著可怕的大太陽，我穿著超悶熱和超大的人偶熊裝到
處搞破壞，現在網路上還能找到影片，每當我工作疲憊

時，都會特別點開來看，因為特別荒唐！特別紓壓！

和八三夭的緣分很深，記得有一次我被分配到「花蓮夏戀嘉年華」的專題報導，不過當時訊號沒這麼容易傳送，不像現在隨便 4G 包或是傳到雲端，就能直接下載高清檔案。

那次活動是由三立電視負責轉播，由於颱風關係，大批工作人員連續一週待在現場，在台北的我們根本拿不到高清無後製的檔案，可是偏偏新聞製播在即，我求好心切又不想要下載「有 logo 和字幕」的版本，否則光是打馬賽克，畫面就可能少了大半面可用。

我緊急查了演出清單，發現當晚八三夭剛好在花蓮演出，便把歪腦筋動到了他們頭上，我打著如意算盤心想「他們有五個人，如果助理一個人再加上經紀人，總共七人，應該可以幫我扛一些錄影帶回來！」

於是我拜託主管打了通電話給八三夭，沒想到他們居然二話不說就答應我們，明明自己身上還要扛著超重的樂器，但是每個人的包包裡，卻還放了三卷「關韶文要拿的錄影帶」！

當晚深夜 11 點，我們約在練團室交貨，看到他們一個一個從後背包拿出錄影帶時，我內心相當感動，決定要一輩子支持他們！明明有天團般的人氣和買氣，卻一點天團的架子都沒有，簡直不可思議。

雖然我總愛開玩笑說，八三夭好無聊、不好訪，但其實內心深愛著他們的音樂，更希望他們能站上越來越大的舞台，巡迴全世界，讓好的作品能被全部的人聽見！

為 S.H.E 做一則專題報導，
所有人都叫我小心肝！

在三立電視任職的這段時間，偏偏碰上了數位轉型，也就是過去所有的「Betacam 拍攝資料帶」，如果要使用在新的非線性剪輯軟體上，必須用 1:1 的時間透過大機器轉檔，才能將檔案抓出來使用。

我之所以熱愛《完全娛樂》，就是因為有非常多藝人的「整理報導」，當我加入這個團隊後，開始和長官開會、和前輩討論專題，才體會到原來一則短短 10 分鐘的整理報導，居然要做三天三夜才能完成。

每年的 9 月 11 日，是我最愛的女子天團 S.H.E 的出道紀念日。在她們出道 14 週年時，我特別在例行週會上提出了製作「整理報導」的想法；在主管的細心分配下，我們分成了三大主題，我選了一個自己最喜歡的主題切入。

當我走進保存了 20 年歷史的完娛片庫，彷彿進入了一個
黑洞般的圖書館，開始找所需要的資料帶。一個人推著
超大台的搬運車到了剪接室，將一卷一卷資料帶放進去，
再開啟抓帶功能，就這樣一路抓到了半夜。

我常常跟同事開玩笑說，希望今天早點回家，沒想到是
「吃完早點」才回家。連續三天沒日沒夜的努力，終於
完成了我最驕傲的一則專題，我為它寫下了大標：【頭
號專題】S.H.E 女子天團 14 年不敗神話，各自發光持續
精采！

記得那次忙到 9 月 10 日早上才回家，本來以為可以和同
事們一起在電視機前守候播出，但偏偏隔天又接了一場
中午 12 點要出門的外景，這就是我的記者日常，用新鮮
的肝換來無限的經驗值。

幸好報導播出後，獲得了觀眾的喜愛，也讓我得到了前
所未有的成就感。當我從電視上聽到「完全娛樂關韶文
整理報導」時，這一刻，我知道我做到了！

戲劇幕後花絮，
開啟了我的採訪新人生

「這是一段愛與勇氣的故事……」、「這是一段愛與夢想的故事……」、「這是一段愛和童話的故事……」我除了是電視兒童外，更是三立偶像劇迷，每一部電視劇和男女主角通通倒背如流。

我進入「完全娛樂」時，正好是三立華劇的巔峰時期，從平日晚間 8 點和 9 點的華劇、週五晚間首播的華劇到週日晚間賣給友台的首播華劇，每一條華劇線都是大熱門，當然會需要更多人力做娛樂新聞的採訪。

當時前輩忙不過來，問我有沒有興趣加入「戲劇幕後採訪」的行列，為了隱藏我太想要的情緒，還假裝思考了一下，才答應加入！

記得第一場戲劇採訪是王傳一和魏蔓的《再說一次我願意》，從此開啟了我的幕後之路。跟著資深記者開車到陽明山上，不畏寒風穿梭在劇組之間，只要導演一喊 cut，我們就要衝上去追問「剛剛那場是誰忘詞！」、「你今天的造型是什麼概念？」、「你猜猜今天幾點收工？」

看似無厘頭的「關式提問」，竟然意外吸引了觀眾注意，開始有網友會留言「那個記者總是問得特好笑」、「他問的問題都超北爛」、「為什麼花絮能這麼好笑！」

這些留言大大地鼓勵了我，也給了我很大的動力，不論路途再遠、時間再早的拍攝場次我都要到，因為有！人！愛！看！

跟著前輩跑完了一、兩部戲後，我開始一個人獨挑大梁扛起花絮重擔，從《聽見幸福》、《莫非，這就是愛情》、《料理高校生》、《後菜鳥的燦爛時代》、《1989 一念間》、《飛魚高校生》等，一口氣做了好多部戲劇花絮。

沒想到所有事情都比想像中的還難！因為記者時間有限，而且我們並不是劇組人員，更不可能每一場都到場拍攝，於是便和行銷公關討論，協調一、兩週前先拿到劇本，接著開始讀本，找最有畫面感和話題性的場次，提前安排行程。

為了拍出一部好戲，劇組辛苦找場景，有些在宜蘭民宿、有些在羅東、有些在淡水、有些在新竹等遍及全台各地。每次一下攝影單，攝影組總是會開玩笑嗆我：「關關！每次你的班就是最硬的班！」

我們曾經為了《聽見幸福》半夜到北投深山，採訪因為拍攝需求連續泡了兩小時溫泉的任容萱；為了《莫非，這就是愛情》，一大早衝到新竹採訪一場婚禮大戲；為了《料理高校生》跑到遙遠的露營區採訪李國毅；為了《後菜鳥的燦爛時代》跑到宜蘭，採訪炎亞綸、曾之喬一整天；為了《1989 一念間》跑到桃園三溫暖，採訪張立昂的第一場戲；為了《飛魚高校生》在蘇澳海邊，曬到全身曬

傷也在所不惜。

如此特別的工作機會，也讓我和藝人們培養了不少好交
情，因為朝夕相處的默契，只要我丟球，就有人接球，
而我們的互動也成了另類的話題，像是喜歡看炎亞綸被
嗆到無言、喜歡李國毅尷尬微笑、喜歡張立昂不知道怎
麼接話。

過去每一次看劇，最期待的就是正片男女主角的互動，
但現在有了《完全娛樂》的戲劇花絮，除了增添戲劇的
色彩外，也能讓觀眾看見演員在戲劇角色外的真實面貌，
而這些可愛之處都在我們的鏡頭裡展露無遺。

有時候覺得這份工作很酷、很像變魔術，我們連拍了 8
個小時，只剪成 15 分鐘，再篩選出最精華的片段播出；
很可能大家看到的短短幾分鐘，卻是我們花上幾天幾夜
的成果，但是只要能獲得觀眾喜愛的成就感，是再多薪
水也無法取代的快樂。

生命中認識了
一位聊姐「曾之喬」

在開始跑三立幕後花絮的日子裡，正好是華劇盛行的年代，像是《我的寶貝四千金》八點檔中的「一飛夫婦」就成了大街小巷婆媽們的最愛；接著由曾之喬、炎亞綸主演的週日偶像劇《後菜鳥的燦爛時代》也大獲好評。

記得那時候我剛接下了這個重擔，要全權負責一部戲的幕後花絮，從前期和製作單位開會，掌握了片頭尾的進度和內容，再和主管討論如何安排拍攝的進度和協調攝影團隊的時間。雖然觀眾很喜歡看《完全娛樂》的幕後花絮，但其實我們知道，只要小記者到了現場，多少都會影響戲劇的拍攝進度。

那次完整跟拍《後菜鳥的燦爛時代》也是我幕後生涯中最難忘的一段。一開始面對炎亞綸和曾之喬，內心難免有點怕怕的，畢竟他們都是我「小時候的偶像」，買過

幾張飛輪海專輯、排過幾次 Sweety 簽唱會，所以當兩位大明星站在我眼前時，心跳立刻加速。

這部戲的主場景在一個宜蘭的民宿裡，因為距離台北有些遙遠，我無法一個人抵達，每次要去現場採訪時，只好早上 6 點搭上攝影車，先安撫攝影大哥的埋怨情緒，帶著他們去吃豐盛的麥當勞早餐，才能一起開心地驅車前往宜蘭，而這一拍往往就是一整天。

如果有看過戲劇花絮的朋友應該都知道，關韶文就是著名「什麼都要拍、什麼都不奇怪」！像是正片的漏網鏡頭都要拍、導演一喊卡以後的花絮更要拍，所以在三立攝影團隊中有著一個傳言：「關韶文的班都特別硬！」

有一次因為當集拍攝內容有些 Delay，導致我們當週的拍攝花絮無法先曝光，於是我轉了一個念頭，自己在辦公室緊急做出「護士帽」、衝到 B1 道具室借了一個《戲說

台灣》的聽診器，再到掃具間拿了一個廚餘桶，請曾之喬在花絮裡扮演小護士，教我們如何照顧劇情中生病的炎亞綸，趁機聽聽男神的心跳！

我記得當時曾之喬只露出一個「荒謬的眼神」，但每一次永遠配合度滿點，無論我們提出什麼怪題目或怪要求，曾之喬不論拍戲再累，都會給我們一個意外的驚喜，讓我超級好剪花絮，也成了每一次訪問最期待的爆點。

記得殺青酒時，喬喬認真跟我分享：「其實以前我很不習慣這種花絮拍攝，因為我只想要把戲拍好，但沒想到遇到了你，讓我知道原來拍花絮也能是一件如此有趣的事情，謝謝你！」這番話鼓勵了我好多，因為我一直只希望把事情做到最好，沒想到就這樣被看見了。

當時適逢 Facebook 剛盛行的時期，隨便一個直播就能上萬人看、隨便一張照片都有快 10 萬的讚，而每一集的「後

菜鳥」花絮也在網路上引起討論，甚至有好多人留言「這聲音到底是誰！」、「這個小記者太好笑了！」當時完全沒有任何知名度的我，反而意外成了一個知名的「畫外音！」

從三立要轉換工作的時候，剛好和聊姐約了一次吃飯，也趁機好好感謝她在花絮裡面的協助，給我滿滿的能量，我最印象深刻的是，她對於我要換工作這件事情給予大大的支持，相信我離開傳統媒體到新媒體能玩出一片天。

後來到了新媒體後，我剛好負責唱片線記者的工作，也遇上了喬喬發專輯的時刻，不斷好幾場記者會、好幾次直播、好幾次專訪，我們都能玩得不亦樂乎，每一次的訪問對我來說，就是只有享受！

喬喬對我來說是一個「亦師亦友」的存在，很多時候在工作上遇到困難，不方便請教身邊的同業時，都會在深

夜傳訊息給聊姐，而「資深前輩」聊姐總會以她獨有的視角和經驗，給我一些忠告，讓我受益良多。

值得一提的是，當時在 ETtoday 新媒體正熱的時刻，我選擇轉職做自媒體，當時私下和一些藝人朋友聚會，我只要主動提到「我可能會離職」，我總會在他們眼中看到「好可惜哦！以後誰要幫我寫新聞？」的無奈神情，畢竟這行難免「魚幫水、水幫魚」，許多透過工作建立的友情，很容易因為彼此的身分轉換以後而消失。

我和許多人私下聊到「轉職」這件事，當時只有喬喬一口讚嘆，「我非常支持你！你一定會做得很好的！」那時我感動許久，因為做自媒體有成的她，很清楚知道我想要創造的平台，她也深深相信我一定能做到。

很感謝生命中出現了一位聊姐，這緣分是不論換了幾個工作都不會變的，謝謝曾之喬如此特別的存在。

在首爾，認識了
最認真的女明星「吳映潔」

2015 年 3 月 28 日，我跑了一場寫真簽書會，台上是好久不見的鬼鬼吳映潔，她跟當年在《我愛黑澀會》時一樣古靈精怪，不顧攝影要她看哪一個鏡頭，鬼鬼竟然在台上搞怪，擺起了最愛的「蜘蛛人 pose」，作勢要噴射蜘蛛絲，在台下採訪的我，不小心笑得太大聲，意外被台上的鬼鬼注意到。

幾個月後，鬼鬼帶著寫真書登上《華流》雜誌，當時我前往現場拍攝花絮，鬼鬼一看到我就立刻認出「你就是那天笑很大聲的人！」因此我們結下了良緣，而 3 月 28 日相遇的那天，也成了我們私下約定的友誼紀念日。

「你很好笑，我很想跟你當好朋友，可惜你是記者。」當時，鬼鬼跟我說了這句話，對於只有 24 歲的我，根本

聽不懂，原來「記者」這份職業需要被防範。

2016 年，鬼鬼與韓國經紀公司 CJ E&M 簽約，在韓國受訓了好幾個月，準備發行首張 EP。鬼鬼私訊我，「希望你們可以來幫我記錄，我覺得這些過程都好珍貴。」

偏偏面對不同的台韓差異，在韓國，如果想要採訪，幾乎都是媒體自費前往；但是在台灣，媒體如果想要採訪，多半是唱片公司邀約、安排。鬼鬼特別和韓國經紀公司爭取，最後帶了我們「完全娛樂」的團隊獨家到了練舞教室和片場。

當我抵達首爾的那個下午，看著鬼鬼從飯店走出來，就像是一個充滿夢想的女孩。陪著她走到舞蹈教室，看著她跳到滿頭大汗卻仍垂頭喪氣，用著簡單的韓文跟老師請教，如何讓自己更好。

隔天一早 6 點，我們在人生地不熟的首爾髮廊梳化，陪
她到 MV 拍攝現場，一路拍到了半夜 2 點才收工。我很
好奇一個小小的女生，哪來這麼多體力又唱又跳，我想，
這就是夢想的力量。

拍攝結束後，我們回到飯店，我拿了以前《我愛黑澀會》
的簽名專輯到鬼鬼房間，拍攝了她在韓國出道的心路歷
程和幕後花絮。聽著鬼鬼開心地聊著自己的夢想，或許
還有點距離，但真的很不可思議，我心中 OS：「現在我
面前的鬼鬼，就是當年在《我愛黑澀會》拉二胡的鬼鬼，
一點都沒有變！」

鬼鬼是我在演藝圈第一個交到的知心朋友，而我也用時
間證明了，我不是她想像中「必須防備而無法當朋友」
的記者。

自己的網路行銷，自己學！

曾經也是觀眾的我，更清楚大家想看的是什麼，尤其《完全娛樂》的專題式報導，比起新聞專業程度，有時候「藝人」本身更成了收視率的關鍵，於是我開始思考，我們應該要提前預告「今天有哪位大明星！」

在和主管討論後，我主動爭取在官方粉絲團發文的小編權限，著手安排每一天的節目表，一併統整了同事們手頭上的專題，開始在網路上和粉絲互動；每週五華劇首播，也會自己開「LIVE 文」增加粉絲團聲量。

所有事情都是做中學，當我開始做了以後，才知道原來我在做的事情就是「網路行銷」。

印象最深刻的一次，是《料理高校生》最後一集的花絮，因為粉絲團討論度實在太高，我特地向戲劇中心拿了一

大堆贈品，包含筆記本、簽名酷卡、海報，自己在粉絲團辦了抽獎活動。

第一次辦抽獎，真的沒想到這麼費時。我逐一檢視完正確答案後開始抽獎，接著聯繫得獎者，再一個一個將禮物包裝好寄出。雖然這些都不是我身為「記者」的工作內容，但只要是能為了工作好，要多花時間我也願意去做。

幸好有操作「完全娛樂粉絲團」的經驗，讓我開始愛上了網路行銷，更清楚明白，自己經營的每一個過程都會被看見，也很感謝完全娛樂的粉絲和觀眾，永遠都是如此溫暖地給予我們鼓勵，對我來說，這更是一堂最無價的網路行銷學。

我的努力
對得起我的幸運

5 年娛樂記者的經驗，說長不長、說短不短，但每天行程滿檔，總把每一天 24 小時都當成 48 小時在用。也因為如此，這份工作帶我去過好多地方，讓我原本像是黑色地圖的人生，隨著採訪足跡，一個個成了彩色的回憶。

我去了上海採訪田馥甄演唱會、去了首爾拍攝鬼鬼的 MV 花絮、去了美國採訪五月天演唱會……我走遍了許多城市，去過大大小小的場館、攝影棚、片場，甚至連廢墟都去過。只要能打開電腦的地方，就是我的辦公室。

記得有一年台北跨年晚會結束後，Selina 選在半夜為新專輯《愛 3.1415》造勢，邀請《完全娛樂》團隊到後台拍攝花絮，「老婆」Ella 也特別到現場探班，當 Ella 舉著香檳邀請大家一起乾杯時，人在現場的我，心裡突然出

現了一個聲音：「我何德何能可以出現在這裡？」

擔任記者的日子裡，認識了一些善良的前輩、積極的後輩，當然也遇過比較嚴肅的資深記者、比較偷懶的菜鳥記者，每一行都有形形色色的人，有時候會聽到別人在背後討論，「關韶文，他到底憑什麼？為什麼明星都想要給他訪問？」

坦白說，年紀很小的我也不清楚為什麼，我只知道很用力把自己手上的每份工作都做好，這才對得起我自己的職業，是我的就好好把握，不是我的就學習欣賞。

感謝唱片公司的邀請、感謝主管的安排、感謝自己的努力……要感謝的人好多，也慶幸一直在做著自己很喜歡的事情，才能有更多充滿緣分的安排，我也終於明白，為什麼大家總說「越努力、越幸運！」平時一定要夠努力，才能在機會來臨時，自信地把握住。

在最快樂的時候跌倒，
我選擇被資遣！

「我們節目將轉成網路……」

「我們公司面臨裁員……」

「你們有想法的話再跟我說吧！」

隨著新舊媒體的轉變，大環境和市場都受到了影響，業配不夠賺錢、電視廣告被網路瓜分，不論是什麼原因，我只知道我們將近 13 人的 team，有一半的人必須要離開。

我怎麼也沒想到，這個已有 20 年歷史的招牌節目「完全娛樂」，必須退出週一至週五的晚間 6 點線。這些有著我的童年、我的回憶、我的作品、我的夢想，眼看必須暫時畫上休止符。團隊士氣陷入低靡，每天大家進辦公室總是你看我、我看你，心中擔心的是「會是你被資遣嗎？還是我呢？」

年紀越大越像火象星座的我，面對這樣的士氣，決定自己先走一步，無論我有沒有在「主管的留下名單」內，似乎都不重要了……

關關：「我先說，不管有沒有要留我，我都決定要走了。」
　　　我鼓起勇氣對主管說。

製作人：「我們其實本來真的很想留你……」

關關：「沒關係，可以把機會讓給更需要這份工作的人，我還年輕。」

談好了離職日期、辦好了相關手續，我走進副總辦公室。

關關：「姐，我可能要先走一步了。」

副總：「對不起，我們也是第一次遇到，不知道怎麼處理最好。」副總難過地落下淚來。

關關：「沒事的，我已經找好幾個工作，我會從裡面選一個去上班。」

副總：「如果有什麼處理不好的地方，我跟你道歉，我們真的是第一次遇到。」

我只記得，副總握著我的手，謝謝我這幾年的付出。

離開三立電視的日子進入最後倒數，我完全不敢跟爸爸提起換工作的事，雖然各大新聞、報紙都用斗大標題寫著「電視台裁員」，而爸爸也不敢主動問我，直到我把一箱一箱的個人物品從辦公室搬回家，才向他坦承了這一切。

當我走出公司大門，看著主管落淚，我也忍不住鼻酸了起來，我深信著，**如此悲傷的離別，是為了讓我們在更好的地方遇見彼此。**

那天起，兩年來觀眾們最熟悉的結尾聲音，「完全娛樂 關韶文 整理報導」也自此成為歷史。

Chapter 6

和時間賽跑的
新媒體工作

當我做自己的時候，
我感到快樂！

史上最緊急的面試，
履歷表竟然出大包！

我來到了一個全新的世界，一切歸零重新開始。我必須花兩倍的時間去學習，才能在這個分秒必爭的「文字記者」工作裡，找到一絲喘息的空間。我準備好了嗎？其實，我很茫然……

自從聽到了公司即將「資遣」的風聲後，我就開始四處詢問，有哪一家媒體相關的產業有在缺人，希望趁著還年輕時，從傳統媒體跨足到新媒體，學習更多知識。不曉得哪來的 Idea，心中閃過一個念頭，「之前常聽到別人說要學 ETtoday，那我幹嘛不直接去 ETtoday ？」

在好友的引薦下，我獲得了面試的機會，在兩天內火速製作了一份履歷，面試當天在前往三立上班的早晨，跑去離我家最近的影印店，一開門就衝進去印好新的履歷，並且一反常態地穿著長褲走進三立，還被實習生發現：「你為什麼今天沒穿短褲！」

下班後，我騎著機車，眼神炙熱地衝向南港重陽路 72 號，
拿出把封面印上「ETtoday 星光雲」Logo 的一整本履歷，
開始跟面試主管侃侃而談，分享著期待能加入團隊，在
新媒體中一起學習和成長，正當主管翻到了履歷的最後
一頁，看到「很期待可以錄取三立電視。」糗到我當下
直接笑了出來，沒想到，慌忙中居然漏改了這句啊！

第一階段結束後，另一個主管看著我，眼神很凝重……
主管：「關韶文，我只問你一個問題……」
關關：「好，你問！」
主管：「你平常妝都這麼濃嗎？」
關關：「威！！！！我這已經是淡妝了！」

我們相視而笑，這樣的默契讓我成為「東森新聞雲」的
員工，而這份「錄取通知」成了我徬徨時最大塊的浮木，
面試我的主管方蟬和士佩，更成了我生命中的重要貴人。

機會真的只給準備好的人！

到「ETtoday」報到的第一天就面臨颱風天，我搭著公車晃到了南港，結束了繁雜的報到手續後，就在辦公室等著前輩吩咐，開始學如何用發稿系統、開始練習比報，手機更下載了所有媒體的 APP，過去有「紅點點強迫症」的我，被迫成為了一個手機一直震動的人，我想，這就是記者的日常。

到了下午，臨時接到了影音組主管的召喚……

「關！你不是會主持嗎？今天直播的來賓是 Popu Lady！」

「我跟她們很熟耶！」

「對啊！我記得你以前就跟她們很熟了，那就由你來主持吧！」

「我？我？我？我真的可以嗎？」

原本《明星鍵盤手》只是邀請正在宣傳期的來賓到攝影棚直播，拿著筆電回覆網友留言、和線上直播的粉絲互動，是沒有主持人的。但在主管的推波助瀾下，我意外加入了直播節目的工作。

接到這項突如其來的大任務後，我慶幸自己本來就有化妝、也很愛化妝（以男生來說，妝很濃！），在毫無腳本的情況下走進了攝影棚，聽著現場倒數「5、4、3、2、1」，我成了節目的主持人。從那天起，除了原有的記者工作外，在薪水完全沒增加的情況下，我接下了第二份工作，只為了圓夢。

在學校，我總是當班上的康樂股長；
在社團，我總是第一個站起來主導遊戲；
在聚會，我總是拿起麥克風唱得最大聲；
在活動，我總是搶著主持，要全場都聽我說話；
在廣電系，我總是一個人想企劃、自己上台演出；
而今天，我終於成為了一個「真正的」主持人。

　　機會雖然來得很突然，但是夢想對我來說，就是一股衝動，當你已經準備好，隨時都能走上舞台；我相信每個人都有一段時期，急著向全世界自我介紹，這一刻，我真的很想告訴全世界：「嗨，大家好！我是關韶文！」

我根本沒當過平面記者，
我好想離職！

過去在電視台工作，名片一樣印著「記者」兩字，但是從電視記者轉到網路平面，簡直是隔行如隔山，跟我想像中完全不一樣。

因為具有媒體業的相關經驗，所以面試時完全沒經過考試就被錄取，當時的我還引以為傲，沒想到這卻成了我入行後最大的難關，因為我什麼都不會！我根本沒當過平面記者！

以前到了記者會現場，想好了今天的訪題後，偶爾會偷閒吃個東西、和公關聯繫感情，但是轉到網路平面記者後，每一秒都變得很珍貴，有時候咬了兩口蔥抓餅就衝出門、或是沒時間化妝就飛奔到急診室採訪，甚至還練就了一身「鍋貼機車特技」，每等一個紅燈，就吃一顆

鍋貼，到記者會現場剛好吃完，這些都成了我的日常。

【平面記者韶文的一天】

10:00 起床第一件事，翻遍所有報紙和網站，檢查有沒有漏掉新聞。

11:00 開始追新聞，找到當時大新聞事件的主角，立刻聯絡經紀人和追蹤相關後續。

12:00 電話開始響，各大唱片公司打電話來報稿，誰發片了、誰拍 MV 了……

13:00 開始跑記者會，在通勤時做功課、確認訪題，到現場直接上戰場。

14:00 接著跑第二場記者會，從台北的這一端再跑到另一端。

15:00 隨便找一間咖啡廳開始寫稿，出新聞的速度絕對不能比別人慢！

16:00 到公司整理儀容，準備直播。

18:00 把白天沒寫完的通稿（唱片公司的公關稿）處理完。

19:00 整理隔天的採訪行程，並且準備訪題。

23:00 繼續滑著臉書、IG，一有誰懷孕、誰生小孩，就要
　　　馬上從床上跳起來寫新聞！

進入新媒體後，第一場採訪的是 Selina 和賈靜雯的代言
記者會，當時憑直覺下了一個標題，就衝上了全網點閱
率的第一名，這對一個新人來說，是一劑超大的強心針！

網站後台的數據每一秒都在變動，我看著數字的曲線跳
動，就像是股市行情一樣揪心。身為新人的我，為自己
設定了一個目標，每天點閱率加總都要達到 10 萬觀看次
數，如果沒有達成，我就再寫一條，還是沒有達成的話，
那就再寫一條，一直寫到達標為止！

努力無法被量化，
我要創造自己的價值！

隨著一篇又一篇的報導，我慢慢從中找到自己身為記者的價值與定位，也知道了什麼是自己想要的，什麼是自己不想要的。對於那些我認為「對的事」，我一定不留餘力地去完成。

新人上任三把火，每天追逐點閱率，樂此不疲地看著報表起伏。某一天的深夜，我問自己，「這就是我想要的記者工作嗎？」我反思為什麼來到這裡，是想要傳遞更多的正面訊息、想要分享更多的能量，不是嗎？

在每天的 Daily 稿件和直播節目之餘，我又給自己設定了新挑戰「超級任務」，就是在主管原定安排的工作外，開始尋找「消失的歌手」，我想知道以前很紅的他現在過得好不好、我想知道唱過這首歌的他現在在哪裡？

透過朋友的聯繫與協助下，我訪問到了《快樂星期天》
選秀歌手—快樂幫的「小龜」楊程鈞。得知他週末都在
高雄主持電台，閒暇之餘還接了不少婚禮主持，巧的是，
他正在籌備自己的第一張 EP。我們相談甚歡，報導出來
後也讓不少人想起「小龜」這號人物的存在。

這讓我接著挑戰更多受訪者，於是我想到了 TANK 呂建
中，這是八年級生的共同回憶，那些朗朗上口的歌曲《給
我你的愛》、《如果我變成回憶》、《專屬天使》，每
一首都是偶像劇熱播歌曲，至今已成為了經典。

翻遍了前幾年的報導，發現 TANK 做了心臟手術後，就
在教會協助，我循線私訊了粉絲團與聯繫教會，最後有
位師母在深夜回我了……

師母：「你真的想要訪問他？」
關關：「你好，我是東森新聞雲的記者，我們正在做一
　　　　個消失歌手的專題。」

師母：「那你什麼時候有空？」
關關：「最快的話，明天下午我也可以！」

訪問當天，我一個人背著小包包，沿著收到的地址騎到
了巷子裡的教會，走進了一個白天幾乎沒人的地下室，
我看到了熟悉的身影，他是 TANK ！

關關：「你好，我就是昨天半夜跟你們聯絡的記者！」
TANK：「你好，我沒想到還有記者願意採訪我……」

因為這個採訪實在太臨時，沒辦法商請攝影大哥幫忙，
於是我自己架了腳架和攝影機，拿出萬年沒用的「自拍
美顏相機」，就這樣完成了一篇獨家新聞。先不管點閱
率如何，我給予自己高度肯定，身為記者就是要有衝鋒
陷陣的使命感！

新聞上架以後，我看著雪片般的留言，其實內心滿感動

的，不少網友很驚訝我們還記得 TANK，也紛紛留言回饋，「還好有你們採訪，讓我回想起當年有多愛他！」

我想這就是當記者最感動的時刻，用自己的文字，把別人的故事寫給更多人聽。

史上最難找的受訪者

「毀滅愛情，才能真的清醒，隱藏住感情，任何決定都
隨便你……」

2004 年，「火星人」林冠吟以一首《毀滅愛情》出道，
紅遍全台灣，但是後期卻消失在歌壇。於是我決定挑戰
自己的極限，試圖聯繫「火星人」林冠吟。

毫無線索的我，翻遍了三年間的網路消息、節目片段，
找出林冠吟上過的零星節目，問了曾經在製作公司上班
的朋友，至少輾轉透過 5 個人，才終於要到了林冠吟本
人的電話。晚上 10 點多，我就像是《超級任務》節目中
推出來的尋人電話，不放棄任何一種可能……

關關：「你好，我是東森新聞雲的記者，敝姓關，叫韶
　　　文。」
林冠吟：「你好……」（聲音非常微弱）
關關：「是這樣的，因為我們正在……」（快速表明來意）

林冠吟：「好！你們可以來我公司！」
關關：「真的嗎？？？？？？？」

原來，當時正在從事電影配樂的林冠吟，雖然淡出螢光
幕，但仍然在相關行業努力著。那天我到了工作室，看
見林冠吟一個人畫著妝、一個人搬著鋼琴，她竟然在我
面前唱了《毀滅愛情》、《兇手》，我當下強忍住內心
的感動，真的沒想到有機會能聽到現場演出！

訪問結束後，我拿出自己珍藏的 2004 年簽名專輯，當年
可是在西門町排隊排了好久才簽到的，林冠吟不可思議
地看著我，原來我們以這樣的方式，再次相遇。

這次的訪問播出後，我完全不在乎點閱率如何，甚至根
本沒去搜尋後台數據，因為這個自我挑戰帶給我的成就
感已經勝過一切，比起追逐光鮮亮麗的排行榜，能做自
己喜歡的訪問，才是這份工作最大的意義！

隨便一個字，
就能害慘一個人

現實和夢想總是有一段差距，就像是麵包和愛情有時候只能選一個。當我以為自己在追求「好的新聞」時，但每個月新聞點閱率排行榜出來，我卻是全辦公室吊車尾的那一個，彷彿過去做得再多都成了灰燼。

當我著手報導某位女歌手的演唱會時，我依稀記得，前一週有一篇報導寫著「巨蛋座位空空，入席率不到50%」，這樣斗大的標題一直掛在排行榜前幾名，而用一句業內諺語來形容就是「垃圾變黃金」！

不知道哪根筋不對，我仿造了這位記者的模式，也進去會場繞了一圈，把空蕩蕩的座位拍了下來，立刻寫了一條「開唱前畫面曝光！」果然，點閱率飆升到全網第一名，整個晚上 High 到不行，不斷按著「重新整理」鍵，就是想看自己能在排行榜稱霸多久。

直到演唱會結束了、工作完成了，我躺在床上卻怎麼樣
也睡不著，那種心虛不是來自點閱率的居高不下，而是
自己好像違背了良心，做了傷天害理的事情。我起床又
刷了一次臉書，看到該名歌手在新聞下方留言：「確實
進場比較晚，所以演唱會提前開始，沒有空蕩蕩啦！」
我更睡不著了。

半夜從床上爬了起來緊急聯繫主管，試圖修改標題和文
章，急忙打電話向窗口致歉，沒想到對方完全沒有責怪
我的意思，還大方表示：「能夠理解你們的立場。」事
後在其他採訪場合，也終於正式親自和歌手本人道歉。

雖然沒有釀成什麼大禍，但是那一刻起，我深刻感受到
「隨便一個字，就可能害慘一個人！」絕不能低估自己
的影響力，不論是傳統媒體、新媒體還是自媒體，只要
是掌握話語權的人，就更應該要小心謹慎。

這次的經驗，是我在記者生涯裡最想離職的一次，卻也
因此讓我知道，或許我當不成世俗的「好記者」，但我
想要當一個「好人」。

淚水？雨水？
我為誰辛苦為誰忙？

2017 年 4 月 12 日，我永遠不會忘記這一天，我在演唱會現場崩潰大哭！

10:00 當時豬哥亮在病房休養，我們被主管分配輪流在台大醫院守著病房，一大早醒來我就衝到醫院，開始坐在探病區趕稿，打算趁筆電 100% 電力消耗完畢前，趕著把稿子出掉。

13:00 網路後援會傳出消息，Ella 產下勁寶，當時透過好友打聽，卻都沒有進一步的消息，於是不敢隨意出稿，只能繼續不斷地按「F5」，重新整理網路上的最新消息。

14:00 趕去女歌手曾宇辰的專訪，她是一位唇顎裂患者，但擁有天使般的歌喉，因此在網路上深受不少網友喜愛。我為了做好這次的訪問，特別發了兩台攝影機、查遍網

路上所有資料，希望能當她的大聲公，把感動傳遞給全世界。我一到了現場，先跟曾宇辰道歉：「抱歉，剛剛傳出 Ella 生產的消息，如果等等訪問的過程中，我有一點點分心，還請見諒。」

16:00 勁寶出生的消息確認了，唱片公司開始傳來相關資料，好讓我們放進新聞稿使用。為了搶到獨家消息，從後援會內線粉絲得知，Ella 可能在某一家婦產科，我立刻搭計程車衝了過去，希望能訪問到周邊消息。

17:00 搭錯計程車、跑錯了分院，我從民生社區跑到了台北車站，又從台北車站搭車到內湖，就這樣自費多花了將近 1,000 元，最後只拍到了一些周邊畫面結案，出了一篇稿子，繼續去趕行程。

18:00 來到高鐵南港站，在便利商店隨便買了一個便當，準備衝高鐵前往桃園，偏偏又搭成了台中直達車，幸好在關門的前一刻發現，立刻把便當收了起來衝下車。搭上正確的高鐵班次後，我坐在車上狼吞虎嚥，同時打開

電腦，繼續把下午的專訪寫完。

19:00 走出高鐵桃園站，下著傾盆大雨，台上 Coldplay 唱到最高潮，我用跑的趕到後台，卻一腳踩進一灘泥土裡，直接當場爆哭，已經分不清臉上是淚水還是雨水，我更不知道，自己到底為誰辛苦為誰忙。

21:00 演唱會結束了，多少人羨慕我有機會來到 Coldplay 演唱會現場。而我，卻一點都不羨慕我自己，因為這就是記者的日常與辛酸。

記者是別人眼中可以看免費演唱會、認識明星的光環職業，但在沒有人看到的日子裡，我們必須一個人背著浪跡天涯的小包包，裡面裝著 5 公斤的筆電和設備，隨時採訪、拍攝、直播，即便是颱風天，我們都要抵達採訪現場完成任務，才對得起守在網路上的讀者們，我很熱愛我的工作，即便如此狼狽，也很值得。

哪裡有新聞，我就在哪裡！

越來越習慣記者的步調以後，我幾乎筆電、手機從不離身，手機只要有一個震動，我就必須隨時跟緊消息，看是不是哪個藝人結婚了，還是哪個歌手又懷孕了。

那時候在新聞上看到了蕭敬騰領養的愛犬「咖啡」意外走失的消息，我接到了來自當時同業聯合報記者小梅的電話，「關，要不要一起去找狗？」我馬上從床上跳了起來，換上運動裝備，騎上摩托車一路從台北的南端狂奔到了北端。

「兄弟上山，各自努力。」雖然我們講好一起找狗，但其實內心也很清楚，誰先幫老蕭找到了狗，獨家就是誰的！於是我們在深夜的公園裡分頭進行，輪流喊著「咖啡～嘎逼～～～」差點被在一旁運動的阿伯以為是賣咖啡的，殊不知其實我們是來找狗的。

就這樣繞了一圈又一圈，雖然最後還是沒有找到狗，但很幸運的是，我們竟然遇到了蕭敬騰本人，即使沒幫上忙但心意倒是有了，蕭敬騰因此對我們兩個留下了好印象，這也成了日後採訪的利器。

另外一次難忘的經驗也是比速度，但是跟台上的蕭敬騰無關。我記得那是一場盛大的專輯發表會，主持人剛好是老蕭的好友曾國城，正當我們在準備採訪資料時，手機跳出了一則推播「《一袋女王》無預警換掉女主持人！」通常這樣的新聞是歸類在綜藝線記者的範疇，但我抬起頭想到的第一個念頭，「這個節目的男主持人不就是在我面前的城城哥嗎？」

然而，記者就是如此勾心鬥角的行業！正當所有記者準備迎接蕭敬騰訪問時，我假裝肚子痛默默離開座位後，立刻衝到了主持人休息室門口，鼓起勇氣敲了門，「請問是城城哥的經紀人嗎？我是星光雲的記者，希望可以簡單訪問一下城城哥。」經紀人點了頭後放行，我就這

樣進到了主持人的休息室。

這種獨家新聞只有文字訪問當然不夠，還要有畫面！我趕緊拿起了手機和腳架，同時打開筆電飛快敲打逐字稿，追問了城城哥關於搭擋換人的事情，並用最快速度出了一條「獨家／《一袋女王》換女主持！曾國城露面回應了！」

發完新聞後，我悄悄地回到了原本的採訪區，繼續若無其事訪問蕭敬騰，不過當所有人拿起手機看到來自星光雲的推播時，同業們紛紛瞪了我一眼，而我內心卻暗自竊喜和仰天長嘯(笑)了一番！

躲在殘障廁所裡，
也要寫完的一篇新聞！

記者這一行，除了比誰的人脈廣，同時也要比誰的消息
來源多，有時候明明知道按下「發送稿件」按鈕後，勢
必會得罪一些人，也會有接不完的電話，但內心始終有
一個聲音：「這是我的工作，我必須這麼做！」

關關：「下週一有空約吃飯嗎？」
經紀人好友：「不行欸，我要去參加婚禮！」
關關：「誰結婚呀？」
經紀人好友：「那個誰誰誰，你不知道嗎？在那間酒店
呀！」

我平白無故得到了一個大八卦，知名女星竟然在沒有公
開男友的情況下，默默舉辦了婚禮，為了害怕消息走漏，
我也不敢通知公司的任何同事，在星期一的中午獨自偷
偷衝去那間飯店，沿著門口的告示牌走到了宴會廳外，

看著各式各樣的祝福小卡，二話不說，先拍照再說！

在蒐集完第一波證據後，我還是不敢貿然行動，加上我的身形又特別引人注目，於是我躲進了殘障廁所裡，不斷刷著受邀嘉賓的 IG 限時動態，也滑到了許多圈內友人的出席。

當我蒐集完所有資料後，立刻坐在馬桶上寫稿，再次用最快的速度出了一條「獨家／知名女星祕婚！圈內好友全到齊！」這應該是我在記者生涯裡，心跳最快的一件事。

還有一次是某男團成員的女友，在私人臉書上公布了懷孕的消息，我半夜立刻打開筆電，用最快速度採訪了該名男團成員，他也很開心接受我的訪問，我也因此替他發布了獨家喜訊；沒想到隔天事情竟然 180 度大逆轉，我接到經紀人的電話說要對我「提告」，「因為家中長

輩並不知道他們懷孕的消息，所以不希望新聞先曝光！」

偶爾會聽到誰懷孕、誰離婚、誰交新男友了，可是我們隸屬在網路媒體集團，沒有配合的特勤攝影，很多消息只能靠自己掌握，同時卻也害怕自己的記者身分導致和藝人好友間的信任瓦解，所以我不斷告訴自己，「我要學習當一名值得被信任的記者！」

在這裡也想用記者的身分提醒很多粉絲，有時候對新聞不要太過認真，因為曾經也有藝人私下透過我們，串通寫了一篇負面新聞，結果藝人隔天在臉書直接打臉新聞媒體「裝大器澄清絕無此事」；事實上，是該名藝人為了修理合作對象而刻意佈下的局，媒體只是配合演出而已……

跟著心裡的善走，
你會有答案！

每天穿梭在各大飯店和演唱會，是記者的基本日常，而到了週末，我們每個晚上不是在小巨蛋，就是在 TICC 或華山，因而熟悉所有演唱會場館的出入口，也總有看不完的演唱會。

不熟悉記者工作的外人，可能會用「很爽」來形容這樣的待遇，到最後甚至連門票都不用出示，許多場合都能靠「刷臉」或「丟名片」就能入場，所以在這行也會有傳說中的「丐幫記者」，拿著假名片偷偷闖入演唱會和記者會，在拿完贈品後就走人！如果當時也有實聯制規定，我想他們應該無法如此猖獗了。

但是大家應該很難想像，其實我們根本無心在認真聽演唱會，因為在演唱會開始前，我們要忙著推算票房，還要擔心主辦單位「假報佳績」，必須上網查售票系統的

空位，一個一個數完以後再加總，才能算出這場票房多少。同時，我們也要向經紀人打聽服裝行頭、演唱會資金，整理完所有資料，演唱會就差不多開始了。

當我們坐在記者室看著場內轉播，其實手裡的鍵盤根本停不下來，要一個一個字追趕歌手在台上說的話，又要擔心截稿時間一分一秒的流逝。

記得有場令人難忘的演出，女歌手睽違多年舉辦了大型售票演出，卻因為疑似唱得太興奮而有點小失誤，不過仍然瑕不掩瑜、依舊精彩。連續兩天的演唱，到了隔天我發現該名歌手狀況變好了很多，我立刻私下詢問主辦單位：「為什麼今天進步這麼多？」後來才知道，原來是因為歌手已經很熟悉歌詞了，第一天有點被提詞機干擾情緒，第二天決定直接撤掉提詞機，並且在給觀眾的螢幕上增加歌詞，讓全場能夠跟著唱，反而更進入情緒。

那時看見許多新聞報導，都寫著「XXX 大走音」的報導，

但在我深入了解以後，我選擇不這麼做，而是寫了一篇
「特稿」，整理了這兩天演唱會的不同狀況，也希望讓
沒到場的觀眾了解事情的原貌，因為一場演唱會的完成，
真的比想像中困難很多。

沒想到演唱會結束後，我收到了一則社群軟體的陌生訊
息：「你好，雖然我們不熟識，我是她的執行經紀，但
我很想跟你說聲謝謝，只有你選擇這樣報導，謝謝你這
樣對她。」後來多聊了幾句，我側面詢問經紀人有沒有
機會安排一個「獨家專訪」，讓我們可以更深入了解她
在準備演唱會的辛苦；過了好幾個月，在一個歌手剛好
有妝髮的工作日，我獲得了兩小時的專訪機會，讓我非
常珍惜。

過去，我也曾經因為追求點閱率而迷失了自我，我知道
如何下標會有更多人想看，但是在這過程中，我練習專
注內在的聲音，並且跟著心裡的善走，而找到屬於我的
答案。

關韶文，
我是看你新聞長大的！

在文字記者的工作之餘，我本來的興趣就是節目主持、影音拍攝、花絮剪輯。所以每天只要把自己份內的工作結束後，我就開始想，有什麼新單元好笑、有什麼新遊戲可以玩，沒想到這樣的「天分」居然被主管看見了，決定幫我開一條「帶狀節目」。

原定一週只有一集的《明星鍵盤手》，變成了週一到週三的《星光雲！Cue 新聞》、每週四《明星鍵盤手》，當時每週一到週四大天都要在下午趕回公司，開始準備資料、讀稿和主持直播。

也因為集數增加，邀請藝人上節目的需求跟著變多了，於是我們一通一通電話詢問，「請問是 XXX 的經紀人嗎？」、「我們有一個新節目……」、「你願意來嗎？」

當然也吃過不少閉門羹「時間還是不行欸！」、「那天沒辦法過去了。」、「下次有機會再過去好了。」

在最陽春的日子裡，我們沒有造型師、沒有化妝師、沒有髮型師，直接穿自己的私服就上場了。同樣的，小小的攝影棚裡，也只有兩台直播機，甚至連導播切換畫面都不用亮紅燈！而且只要來賓超過兩位，麥克風就不夠了！

一開始很擔心，每天的直播會不會很疲乏、甚至沒有人要看，沒想到在臉書、星光雲網站直播時，每天固定都有好幾千人收看，甚至還有觀眾在路上遇到我時，興奮地抓著我說：「關韶文，我是看你的娛樂新聞長大的！」

我們從最小的攝影棚，換到了跟電視台一樣大的攝影棚，多了三台機器同時直播；從素人同事搭檔開始，到後期還加入了藝人許凱皓共同主持，而且也多了妝髮和造型

師。打開通告表，從以前開錄的前兩天還敲不到藝人上節目，到後來往後排到兩個月都是滿的，內心只有滿滿的感動。

5、4、3、2、1，「哈囉，大家好，我是關韶文！今天讓我們歡迎～」這是我永遠的開場白，每當我看到播出畫面上寫著「Host 關韶文」時，總會忍不住小小的激動，覺得自己好像又圓了一個夢。

身為一個素人記者，能夠擁有自己的節目可以主持，是一件非常幸運的事情。《明星鍵盤手》就像是一個溫暖的園地，不用問太八卦和辛辣的主題，反而更享受與明星互動的聊天過程，讓更多觀眾好好認識他們的作品。

每一次和製作人開會討論的過程中，我總是堅持要有邏輯的遊戲、能替歌手曝光作品的規則，在有限的時間和資源裡盡可能把節目做好，我想這就功德圓滿了。

感謝當時的製作團隊：思思、拉拉、米米、CC，你們總是把我當成最專業的主持人，當我最強大的後盾，讓我可以勇敢地站在台上，一起把這個節目做好。

如果可以，希望未來有一天，我能用自己的力量把這個節目做回來，打造自己的攝影棚、聘請自己的攝影團隊，我們就是自己的明星鍵盤手！

我一唱歌，
全世界居然都笑了？

由於文字記者和影音記者隸屬不同部門，常常有好笑的訪問片段，我們就會向同事「毛遂自薦」，爭取影音曝光的機會，不論是傳 LINE 訊息或是打電話，都要講得很誇張：「我跟你說，今天那個女藝人真的超級好笑！她居然訪到一半講錯話，我們全都笑到不行，這則點閱率一定很高！」不同部門都有各自的壓力，我們只能想盡辦法推薦自己，希望能為自己的報導創造雙贏的合作機會。

之前鄭中基來台灣宣傳，主辦單位邀請我們前往飯店採訪，我一直想做一些特別的，但偏偏碰上了影音組最忙的旺季，我只記得主管丟下了一句話：「那不然你去跟他合唱《製造浪漫》，如果他願意唱，我們就願意花時間剪輯！」

完全沒見過鄭中基的我，在專訪過程中，一直刻意搞笑
讓他卸下心防，到了訪問的最後五分鐘，我就像吃了熊
心豹子膽似的⋯⋯

關關：「基哥，如果陳慧琳今天沒有空，我可以跟你合
　　　　唱嗎？」
鄭中基：「你？現在？」
關關：「對啊！平淡之中製造一些些浪漫～」
鄭中基：「絲絲點點浪漫累積著情感～」

就這樣，我跟鄭中基合唱了！我興奮地立刻把畫面傳回
公司，成了一個星光雲特有的「大獨家」。只記得影音
組同事全笑翻了，剪接師刻意把畫面分成天堂和地獄，
播出時，連我自己都笑到不行。自此之後，我便多了一
個「走音大魔王」的稱號。

「我一唱歌，全世界居然都笑了！」活了 30 年，我真心
從不知道自己唱歌有多難聽，更沒想到能因此逗樂大家，

甚至開始有許多歌手陸續參加合唱單元，像是楊丞琳、王心凌、畢書盡、張棟樑、周興哲、陳芳語、A-Lin、曹格、林志穎、曾之喬等，我就這樣成了許多大牌歌手的「指定合唱對象」！

大家應該很難想像，在沒有專業音響設備下，很多歌手是不願意輕易開金口的，許多觀眾會問「為什麼你要唱？」其實，我只是想做好我手上的工作，替唱片公司做好宣傳，替媒體做出好的報導而已。

常常有人跟我說：「你的笑聲好療癒。」、「我特別喜歡聽你唱歌！」其實，我自己根本不知道，我只知道**做這些事情能夠使我快樂，我就用力去做了！**

當眾嗆聲，
你不配當主管！

那年 S.H.E 爆出了「解散」的傳聞，只要合約期滿後就
會各自單飛，沒有人會留在老東家，消息一出，各家記
者當然兵荒馬亂，每一個人都使出渾身解術，想要打聽
到最多的小道消息。

主管：「關，你去追一下這條新聞！」

關關：「我不要，她們永遠不會解散！」

主管：「可是我聽說 Hebe 的經紀人已經離職了！」

關關：「我覺得追這條好沒有意義……」

主管：「可是觀眾有興趣呀！」

雖然這樣的對話幾乎每天都在上演，我們俗稱「主管又
點菜了」，只要公司認為有討論度的新聞，我們就要努
力追後續，不管是周邊的消息還是當事人的最新進度，

必須滴水不漏、全面掌握！

但是這一次我氣到忍不住找同事抱怨，因為我不想追這條新聞，於公，我可能不是個好記者；於私，我怎樣都不覺得這樣叫做解散！於是我打開了 LINE 群組，卻一個失手傳錯群組，還寫下了平日慣用的開玩笑話語，「我正式宣布，他 XXX 不適合當主管！」

本來只有 5 人的小群組，竟瞬間 200 人已讀，而且已讀人數持續不斷攀升中！我重新檢查才發現我傳錯群組了！傳到了「娛樂記者群組」，導致所有業界人士在群組內瘋狂截圖，我當下冷汗直流，嚇到發抖……

過了幾分鐘，我當機立斷拿起電話打給我主管：「抱歉，我不知道有沒有人傳給你，但是我必須跟你坦誠，我剛剛在群組罵你然後傳錯了，現在業界都知道我在罵你！」沒想到主管好聲好氣地回我：「很正常呀！我當記者的時候也超愛罵主管的！沒事啦！」

現在回想起來，這應該是我在職業生涯中做過最丟臉的
事情了！為了不想追一條新聞在背後大罵主管，大罵就
算了，還罵到被全業界的人看到！當時如果有個地洞、
可以直通地心的那種，我一定會鑽下去躲起來！

然而，解決錯誤的辦法，就是勇敢面對，幸好我當下選
擇直接「坦白」，才化解了這次的尷尬事件，雖然成了
同事們口耳相傳的「最大把柄」，卻也讓我深深上了一
課。

再忙也要完成的
熱血任務《聲林之王》

廣電系出身的我熱愛各種節目製作，所以畢業後才會進了電視台工作，雖然輾轉變成了「平面記者」，但只要聽到「電視節目」這個關鍵字，眼睛還是會為之一亮，想要參與其中。

那時聽到公司裡有人在說，「要開一個歌唱選秀節目，導師有蕭敬騰、林宥嘉！」我們立刻跟主管私下報名，「在記者寫稿以外的時間，我們可以幫忙拍節目花絮！」剛好同事也是之前《完全娛樂》就合作過的姿君，我們有著最好的默契，相信一定可以再創經典！（自己說自己是經典！）

幾個月後，事情就這樣成了！雖然接下了花絮任務，但原本的工作可是一項都沒有少，一樣每天起床接聽電話

報稿、中午跑完各大記者會、下午繼續協助公司直播，
剩下的工作空檔才能到攝影棚盯棚拍花絮，趁著換場的
空檔，拿著小 DV 衝到導師台邊開始訪問，感覺快要錄
影了，又要立刻「收話題」，速速撤回舞台旁等待。

大型選秀節目的細節非常多，就算錄影結束，導師還有
後台的訪問、選手的教學時光，所以我們必須隨時 stand
by 在一旁，一有空檔我們就會見縫插針！每一集看起來
短短的 10 分鐘花絮，其實我們至少都拍了 6 個小時，因
為拍了很多零碎的畫面多半不能用，或是拍到了一些尚
未曝光的節目內容，就得壓到節目播出後才能剪輯，所
以要花更多的時間和力氣，才能拍到最完整又精彩的內
容。

就這樣一連做了兩季，到了第二季《聲林之王生存週記》
我們還設計了專屬遊戲表格，想要挖出每位飛行導師不
為人知的祕密。不過，因為過去習慣了自己的訪問節奏，
忘了這個大型節目是給「全世界觀眾」看的，有時候太

過沒分寸的玩笑，就因為我們私下覺得好笑而播出了，也收到了許多網友正負兩極的評價，讓我深刻檢討，「我不再是做自己開心就好的內容，要更小心說話的份量！」

相對的，也有收到很感動的鼓勵，有一次到了馬來西亞旅遊，搭乘的計程車司機居然也是節目粉絲，「你不就是那個《聲林之王》的花絮主持人嗎？我們大馬觀眾都超級喜歡你的！」很開心自己的影響力傳播到了海外，這對我來說真的是莫大的肯定。

我好想大聲告訴大家，在一份工作裡，一定有很多你喜歡和不喜歡的事情，你一定要找到自己最喜歡的，勇敢往前吧！

擁有跨出舒適圈的勇氣

隨著科技的日新月異，每一個人都必須要跟上時代潮流，因為沒跟上的人，就如同達爾文的進化論般「適者生存，不適者淘汰！」

在 ETtoday 任職的 3 年裡，我幾乎奉獻了所有的時間和心力給工作，同時也想著自己的下一步應該怎麼做，於是我決定跨出記者的舒適圈，成立個人的自媒體頻道，成為一名全職創作者，我告訴自己：「我要成為 YouTube 界的第一個記者！」

確定自己想清楚後，我鼓起勇氣，走進主管辦公室……

關關：「姐，我可能只能做到金鐘獎結束。」

主管：「你要去哪？」

關關：「我答應妳，我不會去別家媒體公司上班，我想

　　要自己創業試試看！」

主管：「其實我們一定會讓你走，因為知道你的發展會
　　　　更好。」

接著走進總編輯辦公室……

關關：「姐，我不能跟你們一起工作了……」

總編輯：「我知道消息的時候，想了好久要怎麼把你留
　　　　　下來，但我知道我留不住你了。」

關關：「公司有什麼需要幫忙的，我一定會隨時回來！
　　　　謝謝總編！」

總編輯：「年輕人，好好發展！未來加油！」

我擔心的事情居然完全沒有發生，本來很怕自己在公司
的工作份量很重，沒辦法輕易說走就走，幸好主管非常
體諒我，也能理解我的決定，有了主管們的祝福和鼓勵，
我帶著滿滿的能量，繼續朝向下一個夢想前進！

Chapter 7

我，
就是自己的媒體

在成為關韶文之前，
我就已經是關韶文了。

哈囉，大家好，我是關韶文！

隨著媒體環境的改變，從傳統媒體到新媒體，再從新媒體感受到自媒體的力量很大，如何感受到呢？當然和我的工作息息相關。以前藝人不論是懷孕、結婚、生子、車禍，大多是從經紀公司傳來的消息，讓媒體可以第一手曝光和追蹤後續，但是現在只要藝人在社群上發了一篇限時動態，就足以讓媒體人仰馬翻，甚至連藝人的經紀人都還在狀況外時，新聞就已經出了好幾篇。

很幸運地，我一直任職於大家認為的「主流」媒體公司，在每一次歌手或演員的宣傳期，「敲通告」對我們來說其實不難，畢竟明星帶著作品想要走宣傳，選擇曝光比較高的管道也是互利共生。

不過，現今的情況改變了，唱片公司可能冠冕堂皇地告訴你：「抱歉，我們這次不走通告哦！」但是當我滑開

手機時，卻發現他們勤跑每一個 YouTube、Podcast，我就知道，我該做點改變了。

「與其期待別人改變，不如自己先開始！」我翻遍了家中所有的抽屜，找到好幾年前塵封已久的美肌相機，就連對焦功能可能都沒有現在手機靈敏；再把凌亂的房間清出了一個角落，有好幾支影片甚至緊貼在房門邊或是坐在床上拍攝，只為了先嘗試做出一點內容，看看自己有沒有辦法做到。

以前身在媒體公司，總是習慣高規格的拍攝，有完整的企劃內容、攝影團隊、專業收音，但現在什麼事情都得自己來，有點不習慣也有點害怕，甚至有好幾次整支影片拍完後，卻發現畫面是糊的、聲音全都「逼切」，只好從頭來過。

我練習自己對著鏡頭說話，害羞喊著，「哈囉，大家好，我是關韶文！」沒想到這一喊，就喊出了一條路！我開

始拍片、剪片、上片，在正職工作的下班時間，幫自己安排了不同的排程，也設定了每週至少要上 2 到 3 支影片的目標，希望能讓觀眾養成收視習慣，這個頻道才有可能受到關注。

考量自己的正職記者身分，為了避免引發爭議或被別人說閒話，我決定立下規範：「我的頻道不碰明星，因為我的工作是演藝圈」並將頻道定位在「以關韶文為主、訪談素人出發」，為我的正職工作和自媒體經營做出明確切割，才不用提心吊膽，擔心會被他人覺得我是在「利用公司資源」。

起初自己一個人拍攝時挫敗感超級大，就連就讀廣電系畢業的我都覺得有夠難！光是一個小特效，我就上網自學了 5 個小時，如何一層一層地疊上去，還要搭配時間軸剪輯，一整個下午居然只做完一小段 KTV 字幕的副歌，當下真的覺得心好累！

但是就算再難再累，下定決心的我也絕不輕言放棄！我在內心種下了一個小小的種子：「當這份工作的收入高過我的正職、頻道訂閱數突破 10 萬」，同時達到這兩個目標並且持續 3 個月以上，我就要考慮轉換跑道，成為一名全職創作者。於是，我開始了「更忙碌」的斜槓人生！

我的每一天是這樣過的：

10:00 接各大唱片公司電話報稿、搜尋各家媒體新聞

12:00 出發記者會採訪

14:00 轉場前往下一個記者會

15:00 用最快速度趕完兩篇稿子

16:00 進公司準備直播

18:00 完成當天唱片公司的宣傳稿件

20:00 整理隔日採訪行程、下攝影單

22:00 回到家開始準備企劃、拍攝影片

24:00 開始剪片、審片、整理文案

02:30 準備入睡

這段日子長達將近一年半，我每天掛著熊貓般的黑眼圈，甚至也有同事不理解我「到底在忙什麼？」然而，我始終相信，「我想做的事情不需要被理解，我很清楚自己在做什麼最重要！」

過了一年，頻道漸漸有了起色，開始多了業外收入，當然被同事們羨慕，但是我想說的是，「當你在追劇，我在拍片；當你在夜唱，我在剪片；當你在玩樂，我還在想企劃。」

想要走出舒適圈，絕對沒有捷徑！所有付出的努力，只有你自己最清楚。

我要成為 YouTube 界的
第一個記者！

過去身為記者時，YouTube 的 APP 被我放在手機桌布很後面，因為 YouTube 的功能對我來說，就是拿來搜尋、聽歌、找資料。自從決心成為 YouTuber 後，為了了解時代潮流，我每天睡前至少花 3 個小時拜讀「前輩們」的影片，從開箱、訪談、挑戰、Vlog……到短劇，並且將不同類型的 YouTuber 分類在資料夾中，開始尋找屬於自己的定位。

記者出身的我，過去在傳統媒體和新媒體已經有不少曝光度，不論是在《完全娛樂》還是《ETtoday 星光雲》，大家對「關韶文」的印象，都是精美後製過的採訪影片，而這也成為事事要求完美的我，在成立了自己的頻道後，給自己最大的壓力。

過去訪問過各式各樣的大明星，天天在五光十色的鎂光

燈下工作，如今褪去了大媒體的光環，甚至被許多業界
人士唱衰，認為我就是一個「普通網紅」、「通告藝人」。
在沒有公司的協助下，機緣巧合中認識了最信任我的經
紀人 Zoe，接著開始籌備自己的剪接師團隊，在還沒什麼
收入的情況下，只能用開玩笑的方式說服他們：「謝謝
你們願意接受這樣的友情酬勞，等我接到業配，一定會
主動幫你們加薪！」

我決定將每一支影片都以「訪談」作為初衷，除了過去
原有的明星訪談外，**我相信社會的角落，一定還有更多
故事值得被看見**。在人生的過程中，我身旁不乏許多有
才華的人，我一直秉持著「**只要值得被學習的對象，就
是偶像！**」

卸下了娛樂記者身分，我不再只採訪大明星，我開始邀
請身旁每一位「偶像」登上我的頻道，分享自己的故事；
這些受訪對象包括：新聞主播、購物專家、社會記者、
韓線記者、劇場人員、一片歌手、直播主、護理師、空

服員、地勤、婚禮主持人、便利商店店員、專業舞者、電影院工讀生、英文老師……

因為真心好奇每一個人的故事，所以每一次的拍攝過程都非常快、狠、準，上過我頻道的嘉賓總是說「你拍片也太快了吧！」其實我沒有覺得是在拍片，而是把每一次的合作當成一次「認真的採訪」，我總是專心聆聽每一個人的故事，**透過他們的分享，我也彷彿又經歷了不同的人生。**

當中最令人喜愛的莫過於「地勤和空服員」系列，因為過去也曾有過「航空夢」的我，現在透過這樣的方式，也算是幫自己圓夢了。聽到了許多業內人員的辛苦，不論是飛機發餐的趣事、報考航空公司的艱辛、地勤人員的麻煩瑣事，雖然我總是用有趣、笑鬧的方式表現，但其實我內心卻是滿滿的敬佩。

也常在與來賓聊天的過程中，意外誕生了許多勵志金句，並從中看見了許多小人物對夢想的堅持，也看見了沒有遠大目標的人如何過生活。從職業訪談的系列中，我得

到了一個結論：「只要認真過好現在的每一個小日子，未來就會擁有想要的好日子！」

除了觀眾的反饋令我感動外，更常常收到受訪者本人的私訊：「關，真的謝謝你找我去分享故事。我現在很想離職，但我只要看到在你影片裡那個眼神發光的自己，我就告訴自己，要跟你一樣成為『值得學習的對象』，我會繼續努力的！」

對我來說，「生活和工作都像是黏土，我們要努力把它捏成自己喜歡的樣子！」，想起我 23 歲那年一口氣做了 4 份工作，當然有網友問過我，「你是不是很缺錢？幹嘛要這麼精打細算？」或許是因為從小到大都知道自己必須要拚命賺錢和努力省錢，導致工作自然成了我的興趣與動力。

如果你對現狀有點不滿足，不妨試著停止抱怨，想想能為自己多做些什麼，或許就能把生活和工作捏成自己喜歡的樣子！

5 個月瘦了 35 公斤，
瘦身心得成了胖子聖經！

在成為 YouTuber 之後，我才發現自己日常裡的許多行為，會成為 YouTube 影片的熱門主題，使得我的 YouTube 頻道受到越來越多的關注，也讓我明白，原來那些生活裡的累積，都是我能夠繼續往前走的重要來源啊！

成為一名 YouTuber 後，有一件我始料未及的事情發生了，那就是我必須要減肥！！！

「我寧可當一個快樂的胖子，就算只能活到 30 歲也沒關係！」因為我覺得，吃東西能讓我感到快樂，比起節制飲食卻不快樂，我為什麼要拿快樂去換長壽呢？

聽起來好像很灑脫似的，偏偏眼看著自己就快要 30 歲時，卻不禁害怕起來……
當我每一次直播結束或影片拍攝完後，總是不自覺地開

始喘氣，甚至聽起來像是「剛激烈運動完」，我反覆檢討是不是自己睡眠不足？還是體力不夠？最後才發現是「過度肥胖」導致影響健康。

印象最深刻的是有一次在飛機上，坐在我隔壁的乘客舉手向空服員提出「換座位」的要求，沒想到他並不是要幫自己換座位，而是跟空服員說：「可以幫旁邊這位乘客換到別的座位嗎？這樣坐實在太擠了！」；還有一次我在首爾按摩，當地的大媽用著韓文，不斷抱怨我的大腿有多粗、按摩按起來手很痠，想起這些曾經被歧視的經歷，漸漸成了我的減肥動力，我告訴自己「我一定可以做到！」

上網看遍了各種減肥影片，可是當一個胖子真的執行起減肥時，基本上就是一件很容易令人放棄的事，我試著找尋總是半途而廢的原因，進而發現想要變瘦，除了「少吃、多運動」外，最關鍵的其實是「心靈層面」的轉念。

有一次我走在信義敦化路口的花旗銀行前，好想衝去再買兩包鹹酥雞，但低頭看著自己大到擋住視線、已經看不到鞋子的肚子，在那一刻我忍住了，於是我終於「正式」開始減肥！

不但調整自己的飲食習慣、戒掉含糖飲料、戒掉不營養的澱粉、戒掉油炸食品，開始上健身房、開始練習重訓、開始養成運動習慣，並且將運動和減重的過程拍攝成影片，在網路上和大家分享，意外獲得了許多迴響，而我的瘦身過程也因此變成在眾目睽睽之下進行，如果再放棄豈不是丟臉丟大了？ 也讓我就這樣更加有決心、有毅力地堅持了下來。

不可否認，要能夠持續維持良好的飲食和運動習慣，常常跟自己喊話是很重要的！譬如：「如果連自己的體重都不能控制，我還能控制什麼？」我還把過去黑歷史的胖照和現在的照片做成「對比圖」，設定成手機桌布，每一次肚子餓的時候，我就看著手機告訴自己：「多想 2 分鐘，其實你可以不用吃這麼多！」

「減肥主題」的成功意外讓我的訂閱數迅速飆增，也成
了我跨出舒適圈的一劑強心針，甚至在社群上常被網友
譽為「正能量男神」，但其實我從不認為自己擁有過人
的正能量，準確來說，只是因為我懂得「面對自己的負
能量」。

精打細算就是
累積財富的開始

「我們不能選擇在哪裡出生，但可以選擇成為什麼樣的人。」因為從小家中經濟的緣故，我養成了每一塊錢都錙銖必較的「節省」習慣。

大學時期，無意間看見了信用卡「現金回饋 8%、辦卡就送行李箱！」的廣告，當我畢業領到第一份薪水後，第一件事就是衝去辦信用卡。

沒想到因此走入了一個無底洞，當你辦了一張信用卡後，一點開臉書、網頁，鋪天蓋地的信用卡廣告迎面而來。於是我開始研究各式各樣的信用卡，一張接著一張辦，「點數回饋 3%」、「海外消費 3%」、「指定通路 8%」……不知不覺中，我皮夾裡竟然超過 8 張信用卡。

每一次要消費的時候，我總會在櫃檯前停留幾秒，大腦

自動切換成「運算模式」，開始盤點手中所有信用卡，看刷哪一張最划算。百貨公司週年慶時，一打開超大張DM，得意著「什麼卡我都有！我要賺最多！」，開始精打細算每家銀行推出的優惠回饋，就像是大嬸買菜一樣，即使多拿到一個服務台送的保溫杯也好。

而我在日常生活中更善用「邊花錢邊省錢」的祕技，例如 2018 年底，剛好要買全新的 iPhone XS Max，當時我上網爬文結合了各種省錢模式，決定用指定信用卡綁定12~24 期分期零利率優惠，整整省下了 2,274 元。等新機入手後，又參加活動搶到「3,500 元刷卡金 +1,000 元購物金」，接著再將原本的 iPhone X 上網轉賣了 25,000 元，又將原廠的充電器、傳輸線、耳機也全數全新轉賣，最後只花了 10,000 元左右買到一支原價 45,500 元的全新手機。這支影片在網路上獲得了出乎意料的點閱，也成了小資男的省錢代表作。

想跟大家溝通一個觀念：「**聰明消費不是不花錢，而是怎麼花最划算？**」，如果有一個很想買的東西，首先要

做的，是思考如何透過不同的管道、不同的信用卡下手，賺到最多的消費回饋。

因為我平時就有研究信用卡優惠的習慣，近年隨著各家銀行競爭越來越激烈，以前一年才會發生一次的「信用卡大亂鬥」，現在可能每 3 到 6 個月就調整一次優惠，也因此許多網友很依賴我的「信用卡懶人包」，有時候私訊一打開就是「關關，這張卡好用嗎？」、「又出新的信用卡了！等你的整理！我只聽你的！」、「這家銀行的活存利率是不是降低了？」之類的詢問如潮水般不斷湧入。

透過我的歸納分析，並以簡單易懂的影片呈現，和網友們的教學相長，不但可以一起賺到更多銀行的回饋金，隨時掌握最新的理財資訊，也讓「理財教室」這個單元成了頻道中的重要招牌之一。

我告訴我自己：「當不成富二代，就努力成為富一代。」

活成自己喜歡的樣子

「男生為什麼不能化妝？如果對自己沒自信，那就找到
自卑的來源！」我在 YouTube 拍攝了常見的主題「Get
Ready With Me ！」意外獲得了廣大的迴響。

「人不愛美，天誅地滅！」我記得第一次化妝是在高中
的時候，因為嚴重的鼻子過敏，讓我彷彿自帶「煙燻妝」
似的，黑眼圈永遠比別人深，我自己上網研究，買了人
生第一罐隔離霜和蜜粉，從此開啟了我的化妝生涯。

起初只能自己摸索如何遮蓋臉上的瑕疵，到了大學，因
為就讀傳播系，身旁有許多化妝奇才，學校也有開化妝
課，於是學習到更專業的技巧。

還記得前幾年，因為化妝搭捷運，常常受到路人的側目，
甚至對著我指指點點，曾因此自我反省了好幾次，是不
是自己太過特立獨行？但因為化妝對我來說，一直都是

一種禮貌，和把自己打理好的生活態度。

我告訴自己，不要活在別人的眼光裡，應該要呈現「自己最舒服的樣子」，只要不影響到其他人，本來就沒有什麼不可以。

為了讓自己的狀態更好，除了外在的化妝，我也開始愛上「保養」，不論是保濕、美白、淡化細紋等各種訴求，我像神農氏嚐百草一般，試用不同的品牌，找到最適合自己膚質的保養品，而且從臉到腳每一個細節都不放過。

現在的工作常常要拋頭露面，我被迫成為一個「愛面子」的人，每次到了新的工作環境，總是會有人看著我大肆誇獎：「你的臉真的好亮！」、「你算是男生裡面皮膚很好的！」還有一次導播在錄影時，透過耳機提醒工作人員：「叫關韶文去吸油一下！」最後才發現我臉上的是「反光」，而不是「油光」！這些愛美之後的結果，

讓我更加確定堅持成為自己喜歡的樣子，真的是最好的
決定。

別人總是說：「要怎麼收穫，先怎麼栽。」我想「保養」
就是這樣，這真的是一件非常有成就感的事情，你做了
多少努力，皮膚就會給你多少回饋，而我也將自己的「保
養之路」、「化妝技巧」拍攝成影片，把經驗分享給有
一樣困擾的朋友們！

從大明星變成了好朋友

最近常常接受各家媒體採訪，很多記者會問我：「關關，你換了幾次工作，自己的感受是什麼？」其實我內心一直有一個聲音：「我從來沒有換過工作！」

我喜歡採訪、我喜歡聽歌、我喜歡聊天、我喜歡聽別人說故事，從電視到網路、從網路到自媒體，即使換了不同的平台，但我依舊在做著我喜歡的事情，從來沒有變過；如果人類有天職的話，我想我就是一名天生的記者。

在剛離職的日子裡，難免會對自己有些懷疑，失去了一個有光環的工作，是不是會少了一些採訪的機會，甚至再也拿不到三金典禮的採訪證，這樣的我還能是一個記者嗎？但後來認真想想，很多醫師有了經驗以後，會到偏遠地區行醫，也沒有人因此認為他不是醫生。所以我告訴自己，只要我繼續做好想做的事，不用在媒體公司上班，我一定還會是一名記者。

幾個月後，我收到了來自知名車商的邀請，因為該品牌
贊助了韓國年度 MMA 頒獎典禮，希望邀請世界不同城
市且具代表性的 YouTuber 前往出席活動，我當然立刻答
應！更何況過去當記者這麼多年，從來沒有機會到韓國
採訪，如今能以自身名義收到邀約，怎麼可能放棄呢！

於是我飛到了首爾參加了 BLACKPINK 的私人見面會，
還拿到了一張親自署名的海報；隔天坐在 MMA 頒獎典
禮的特區第一排，第一次近距離看著 BTS 的實力派演出，
讓我倍感震撼！他們能夠紅遍全世界，真的不令人意外！

後來，我飛到馬來西亞看楊丞琳的演唱會，沒想到舞台
上的楊丞琳竟在萬人面前點名了我，「他是關韶文！有
看過我和他的影片吧！都超級好笑的！不過他現在離職
了，他是一名 YouTuber，期待我們的其他合作吧！」

本來很擔心自己頻道的訂閱數不夠高、影響力不夠大，
根本不敢主動開口找天后合作，沒想到在演唱會後的慶

功宴聊到，楊丞琳居然一口答應：「一定要去你頻道的啊！」讓我感動了好久，原來「被喜歡」並不是因為我身在一間大媒體公司，而是因為我努力成為了我自己。

後來楊丞琳拍攝《像是一顆星星》MV 時，也特別請我們空出了「三天三夜」緊緊跟拍。我們捕捉了每一個有趣的花絮，一起回顧從出道到現在不同的造型，那一刻我的內心很溫暖，我很享受可以幫自己偶像一起完成工作的感覺。

另外一次是王心凌發行精選輯《My!Cyndi!》時的宣傳期，環球唱片向我提出了一個想法，「因為這次王心凌要用歌迷的角度，去看王心凌的音樂作品，我們可以去你家直播嗎？」身為王心凌鐵粉的我簡直受寵若驚，立刻點頭如搗蒜地說好！

當天白天人還在高雄工作的我，傍晚用最快速度飆回台北迎接天后，看著王心凌在我家翻箱倒櫃，還翻出了我

當年大學參加活動的大看板，細數著貼在我房間牆壁上不同時期的專輯海報，我從來沒有想過，王心凌居然會出現在我家！坐在我房間！跟我拍片！跟我直播！

此外，除了音樂作品的採訪，不同形式的包裝也能加入商業合作，像是 Ella 代言國際專櫃保養品、Selina 代言化妝品、Hebe 代言隱形眼鏡、陳芳語代言衛生棉、蕭敬騰代言手機、吳慷仁代言保健飲品、茄子蛋與知名速食餐廳合作、Sandy 與百貨公司合作、鬼鬼代言面膜等，很感謝品牌願意給我機會，和明星一起完成產品的推廣。

以前在當追星族的日子裡，真的是「當明星給我看！」如今在當記者的日子裡，則是「當明星，給我看！」我一直相信，明星就是明星，絕對不是一般人，因為我很清楚他們經歷了什麼，才能擁有現在的價值。

記得有一次私下和 Sandy 聊天，她告訴我，「你的訪問會讓藝人真的想表演給你看！感受得到你是真心喜歡他

們！你是我看過最愛這個工作的記者！」

不論我在哪一間公司、哪一個平台，我都盡力扮演好我的角色。如果我是主持人，我就協助推廣活動；如果我是記者，我就要讓全世界都聽到這位歌手的新作品！

我，成為了自媒體平台的記者！我是關韶文！

胖子才不是時尚絕緣體！
我也能很時尚！

以前總是看明星拍攝光鮮亮麗的時尚照，但是對名牌一竅不通的我，什麼衣服都穿，也沒有品牌迷思，只是內心當然很期待，如果有雜誌可以幫我拍一組美美的照片，該有多好！

第一次進棚拍時尚照獻給了《Wazaiii》，還記得他們聯絡我時，我感到很不可思議，甚至內心浮現了一個聲音：「難道胖子不是時尚絕緣體嗎？能進棚讓人幫我拍照嗎？」

「從幕後紅到幕前，關韶文：我是人生努力組｜Wazaiii 專訪」記得那次的主題是「十年」，什麼樣的事情讓我堅持了十年？從 18 歲就讀世新廣電以來，一眨眼已經過了十年，直到現在仍然堅持著自己在傳播圈的小理想前進著。

那天訪問時，採訪團隊請我帶一些「代表物」，我帶了我的麥克風和採訪證。因為有了麥克風，讓我成為了一名有聲音的人，我說的話、我寫的文字能被世界看見；厚厚一疊採訪證，則是三金典禮、各大演唱會、世界各地場館的印記，就像是行李箱上貼滿的各地行李標籤貼紙，每一張採訪證的背後都有著獨一無二的故事，那些是我曾經走過的路，也豐富了我的人生經歷。

隔年 5 月，收到來自《ELLE》的邀請，他們要拍攝「新世代影響力」KOL 主題，剛好進棚拍攝的那一天，也是頻道突破 30 萬訂閱的日子，對我來說意義非凡，除了訂閱數字來到了新門檻外，其實我心中還有一個聲音……

過去我來自一間大媒體公司 ETtoday，這樣的色彩既是助力也是阻力，我從來不否定過去的我，卻也因為如此，讓很多媒體卻步不敢採訪我，認為我「友報」的色彩太重了。拍攝當天，我們聊到了這件事，編輯 Wendy 貼心地告訴我：「我們從沒這麼想過，有一天就是今天，就是最適合的時間！」

第一次有如此專業的妝髮團隊，商借了當季最新的精品
服飾和配件，我小心翼翼地緊縮小腹，穿上了一套套從
沒穿過的高貴服裝和華麗造型，走在攝影棚裡竟然有些
不自在，幸好有時尚團隊的引導，讓我放下緊張的情緒，
把攝影棚當作自己房間，開心地拍攝！

幾個月後，收到了來自《美麗佳人》的邀請，這次我就
自在許多了，畢竟一回生、二回熟。那次的主題是關於
「自由」，離開正職工作的這兩年，我成了自己的主人，
不論是收入、支出、時間和人力分配都是我一直在學習
的事情；當時被問到：「如何找到自由？」我的答案是：
「自愛、自律、自由！」

人生就像是一台列車，當你安穩地走著別人鋪好的軌道，
就會抵達一個安全的終點；但我選擇自己鋪軌道，就不
用和別人共享二手的風景，因為我親手打造了一條自己
走出來的路。

過去曾經對自己的聲音、外貌、身材都不夠有自信，也從沒想過有機會接受這麼多時尚雜誌的專訪，雖然現在的外在改變也不大，但我看事情的角度卻改變了，才發現「**當你不害怕了，眼界就開了！**」

你被業配了嗎？
所有女性商品通通找上門！

成為一名 YouTuber，想當然爾「業配」會是主要的收入
來源之一，我們有不同形式的商案合作，像是圖文拍攝、
影片拍攝、商業直播、活動出席、活動主持，可能也因
為有別於其他的創作者，所以合作的形式相對更為多元，
不同的工作類型，讓我怎麼做都不會膩！

商案影片的拍攝方式有百百種，而且現在的觀眾也越來
越聰明，不是看到「業配」就會買單。我開始回想過去
自己「被燒到」的情況，決定和經紀公司討論，用主題
來包裝置入，這樣觀眾比較不容易反感也不會因此違背
了創立頻道的初衷。

像是大家在頻道上最常看到的「職業訪談」、「理財教室」
都是很常見的合作單元。前面透過職人訪談，最後帶入

產品特色，可以置入理財信用卡、活儲利息高的銀行，
也能置入空服員愛用的保養品、地勤常用的生活用品，
曾經還有人力銀行直接以「冠名贊助」職業訪談單元的
形式合作。

「要怎麼收穫，先怎麼栽！」是我們經常聽到的俗諺，
但是大家可能很難想像，對於社群經營來說，光是「目
標族群」就充滿了玄機。由於過去的我在娛樂新聞上的
曝光度高，那時關注我的觀眾大部分是「國高中生」，
他們期待在這裡看到明星，對於「關韶文」本人做了什
麼則顯得興趣缺缺。

於是我開始分享不同職業的「幕後花絮」，除了大家在
檯面上看到的光鮮亮麗外，背後所要做的許多功課，並
且在頻道規劃上打造不同的主題單元，逐漸累積了許多
大學生、輕熟女和媽媽粉絲，最後終於交出漂亮的受眾
成績單，也就是廠商最愛的「25~34 歲女粉絲」，有了漂
亮的數據，才能說服廠商買單！

就這樣開啟了各式各樣的業配拍攝，有時候一天就拍好
幾支，生活的每一個小細節都能置入。剛開始，身為創
作者的我當然樂此不疲，但總有缺乏靈感的時候，為了
平衡自創影片和業配影片的比重，同時兼顧觀眾的觀感，
毅然決然成為「日更創作者」，讓頻道天天都有新片上
架，到處都有關韶文！

轉換身分的我，在成為全職創作者的過程中邊做邊學，
幸好擁有專業的團隊協助，讓我可以更專心在「創作內
容」上，即使難免會與品牌有些拉鋸，但幸好最後各退
一步，結局總能海闊天空。

為了確保能對自己推薦的商品負責，像是每一組保養品、
化妝品都要親自試用兩週以上，我在行事曆上寫滿各種
「試用排程」，還要清楚了解不同產品的特色，有些早
上妝前使用、有些睡前加強保濕，在試用過程中，還不
能搭配其他品牌，以免實測效果因此改變。

記得有一次某家國際專櫃保養品邀請我擔任見證人，在影片裡暢聊「曾經兩度轉職與被資遣的經驗！」我很喜歡這樣的主題包裝，除了可以拍自己喜歡的影片內容，又能不受品牌限制聊天的方向，於是我從做自己和愛自己，聊到了「夢想不能被年齡限制！」最後才轉換到抗老、保濕帶入產品。

還有一次是去日本旅行前，臨時接到了一個信用卡合作案，剛好該張信用卡主打「海外回饋」，我特地改變了一些旅遊行程，決定從上飛機那一刻起就開始「拍業配」，並在旅行中置入不同的現金回饋，雖然是商業合作影片，但是觀眾看得很開心也覺得很實用，客戶也很滿意成效，而我也再次完成了一項有趣的挑戰。

談到最難忘的合作案例，莫過於「女性商品」對我的信賴，畢竟大部分的女性商品，真的很少找男性 KOL 做宣傳。第一次是 Selina 代言的衛生棉，我受邀主持發布記者會，我們暢聊女孩如何找到自己，也結合產品特色，讓觀眾更了解衛生棉。

和曾之喬拍攝內衣影片，讓我們明白女性選擇的重要；
和陳芳語合作無漂白奶茶棉，了解天然原生對肌膚更好；
和邵庭合作液體衛生棉，解決經期來臨的各種煩惱；
邀請 Grace、丘曄拍攝空氣內衣，玩測重比大小的遊戲；
邀請凡凡拍攝戀愛教室，從愛自己聊到女性私密處保養；
邀請 Grace、賴珮如拍攝超熟睡褲，從職業聊到不外漏；
和紀卜心合作衛生棉條，讓女孩們有不同的新選擇！
還有好多好多……

這一路上，我認識了好多好朋友，頻道也因為有了來賓的加入而增添許多色彩，更感動品牌的信賴，讓我有機會接觸這麼多不同的創新產品，也很感謝消費者對我們的信任，讓我們每一次的推薦都能受到大家的喜歡，這就是我們最有成就感的事了！

我是一名受認可的主持人！

我從小就很喜歡主持節目，學生時期在班上負責當康樂
股長、在春暉社當社長；直到進入媒體工作後，很幸運
可以擁有自己的直播節目，但是當我離開公司以後，這
一切就歸零了。

過去很多人是從《明星鍵盤手》、《星光雲！Cue 新聞》
中認識我，當時我已經是一名主持人，但是對我來說，
這是因為工作需要同時我也自願接下重擔，即使只領一
集 1,000 元的車馬費，卻得花好幾倍以上的時間做功課和
準備內容，我也甘之如飴。

在 2020 年初，很開心收到「蝦皮購物」的邀請，邀請我
和「小鬼」黃鴻升一起主持《聊聊大明星》直播節目。
節目主打「外景實境」，我們要上山下海、陪明星完成
任務、體驗不同運動、慶祝不同節慶。

和鬼哥第一次見面時，我就戰戰兢兢，畢竟我從小熱愛收看各種娛樂新聞，當然包含了《娛樂百分百》！而這次和我搭擋主持的就是以前在電視上看到的那位「鬼哥」黃鴻升。

記得兩人進棚拍攝定裝照時，我因為太喜歡造型師幫我準備的衣服，便私下詢問了價錢表示希望能購買，卻意外得知原來是鬼哥的潮流品牌，沒想到鬼哥得知後，二話不說當天直接把整套衣服送給我！從那天起，我再也不敢開口亂問衣服，不然我又要不好意思了！

和鬼哥首次搭擋主持，由於我們各自擅長不同類型的訪問，一開始我對自己很沒自信也超級擔心，深怕觀眾根本不認識我，也怕來賓比較想要給鬼哥訪問，但後來連錄了幾集，事實證明是我自己多慮了，也忘不了某次錄影結束後，身為大前輩的鬼哥甚至貼心地問我：「關，如果你覺得我們配合上有什麼要調整的，隨時告訴我哦！」

鬼哥就像是一個鄰家大哥哥一樣，明明出道了這麼久，卻一點也沒有偶像包袱，不論玩什麼遊戲，他總是賣力衝第一，遇到什麼難題，他都能幫忙扛下來，讓站在身旁的我，只能用「安心」來形容。

隨著每週一次的直播節目，我們去了好多好多地方，像是去台中探班偶像劇、去大太陽下滑龍舟、去花店學插花、去糕餅店做餅、去劇團亂入舞台劇、去球場 PK 籃球；很感謝製作單位總是用心安排一切，也很尊重我們的意見和想法，不論是企劃節目內容、邀請來賓和安排專業的妝髮造型。每次直播開始時，當我看著畫面上寫著「Host 關韶文」，我都會不小心起雞皮疙瘩，真心覺得自己很幸運能和這麼棒的團隊合作。

過去我一直夢想成為一名主持人，也知道自己正朝著這條路前進，也好幾次被當成一名主持人；但是，比起從前是公司內部的職務分配而擔任的主持人，在離職後成為獨立創作者的我，很感謝「蝦皮購物」認可了我的「主

持人」身分。

本來我們說好要去好多地方，本來節目要幫我們出一首歌，本來我們要搭船出外景，本來還要去棒球場開球，本來還有好多本來⋯⋯但我們永遠不知道，明天和意外哪一個先來，鬼哥的驟逝讓所有人都無法接受，即使很不捨、很難過、很不願相信，卻必須學習面對，就算時間能夠沖淡一切，也絕對不會沖淡我們對你的想念。

在主持這條路上，沒有上過什麼專業課程的我，唯一能真正跟在旁邊學習的對象，只有鬼哥黃鴻升，謝謝你教會我的大小事，我永遠永遠都不會忘記。

做不完的自媒體，
空降 Podcast 節目冠軍！

「禮拜一的早晨，歡迎收聽《負能量週記》～」如果你有收聽過我和丘曄的 Podcast，對於這個開頭應該是再習慣不過的聲音了。沒想到自媒體永遠有做不完的挑戰，當你以為 YouTube 訂閱穩定了，就出現了 Podcast；當你開始做了 Podcast，居然還有 Clubhouse ！

過去就讀世新廣電系，在選擇組別時分別有廣播、電視、電影，我想都沒想就選擇了「電視組」，除了我喜歡看電視以外，我更喜歡接收來自「影像」的刺激，不同的視覺感受也容易讓我留下印象。

以前我們常說「廣播」是陪伴型媒體，前幾年也不斷在討論，廣播這樣的媒介會不會有一天式微，事實證明並不會！它只會用不同的形式，結合新的媒體，重新轉型！

「2020 年是台灣 Podcast 元年！」許多報導總是這樣歸納。老實說，剛開始我很不習慣只有聲音的閱聽模式，但是 Podcast 真的是一個很神祕的世界，如果要我用一句話來形容，我會說「不聽則已，聽了欲罷不能！」

打算加入 Podcast 行列的我，先從我認識的人所主持的 Podcast 開始聽，再來從排行榜開始聽，發現有些人聊理財、有些人聊垃圾話、有些人聊家務事。為了一次進場就打響聲量，我還偷偷做了一個表格，把當時名列前茅的 Podcast「更新日」全都記錄了下來，只為了選一個「好時機」進場。

習慣與人聊天的我，覺得只有自己一個人的力量，似乎有點不夠，於是我邀請了在我頻道中的好夥伴丘曄，因為不論檯面上還是私底下，我們總是「什麼都聊、什麼都不奇怪！」過去常常有觀眾反應影片剪掉太多，希望我們能夠一刀未剪完整呈現，於是我們決定把這樣的能量轉戰到 Podcast ！

將節目取名為《負能量週記》就是因為我們很真實，以前大家很習慣頻道中散發了滿滿的正能量，但我其實很明白，「你內心有多少黑暗，才會有多少陽光！」展現出多少正能量，背後一定有同等的負面能量，於是我將節目定為《負能量週記》，透過兩人的大肆聊天分享，展現我們的不同面向。

一集節目大約 40 至 50 分鐘，我們幾乎一刀未剪，包含我熱愛的諧音梗、雙關語、俗諺，還有丘曄熱愛的吐槽話、觀察某些不重要的小細節等內容，我們幾乎通通播出！真實呈現！

2021 年 3 月，在第一集《負能量週記》上線的前一晚，因為我們在影片中提前公布了「最新動向」，以致很多粉絲第一時間打開 APP 就訂閱了，讓我們在完全沒開播的情況，竟然瞬間衝上了 Podcast 排行榜第一名！

我記得我當下感動到落淚，還在半夜立刻打電話給丘曄，當時他人在機場上大夜班，接到我的電話也是嚇了一跳，我們在電話裡大聲尖叫，真的很感謝大家對我們的支持！

節目中，我們很常開玩笑說，「這裡沒有任何贊助商！」其實我們內心很明白，因為我們經營的平台很多，廠商的選擇也更多樣，不一定要置入在他們認為「相對比較不大眾」的平台裡；也因為如此，我們更享受錄製 Podcast 的時刻，自在地從天南聊到地北，從外太空聊到行天宮。

多了一個新的媒介後，在每週一早上 7 點與觀眾「空中相見」，不少人跟我們分享「我都邊擠奶邊聽，好好笑！」、「星期一超不想上班，但聽了以後心情都好了！」、「有時候聽到一半忍不住噴笑出來，都會引來路人的側目！」每週節目播出後，我們都會收到雪片般的私訊，跟我們分享共鳴之處。

也讓我明白原來這就是「聲音」的魅力，即便本來我講話有一點點不夠清楚，我很努力地改善每一個咬字問題，同時要控制興奮時的高音音頻，要改進的地方還有很多，但我們很願意用心嘗試並且接受大家的指教。

很感謝丘曄，在沒有收任何一毛主持費的情況下，總是願意空出時間，陪我每次錄音就錄了一整天，分享生活中的喜怒哀樂；丘曄常說：「我老公就是我的神隊友！」如果要我選一名頻道神隊友，我的選擇就是丘曄！

很開心有了新的平台，在這裡讓我們更拉近彼此的距離，也讓我們和粉絲的黏著度變得更高，大家也更認識不同面向的我們，真好！

自己的夢自己做大吧！
我要當歌手！

「有一種一加一可以大於二，像我和你是天造地設！」、
「我調個色、有氣氛，一起隨手關關燈！」雖然在大部分
的影片裡，我總是唱歌最難聽的角色，但我很清楚明白，
無論好不好聽，我唱歌使我開心。

於是我訂下了一個目標「在 30 歲生日時，我要發一首單
曲！」我左思右想，想要找一個好閨密和我對唱，於是我
第一時間想到了最重要的夥伴焦凡凡，謝謝她毫不考慮地
答應我，也永遠給我滿滿的信心，她大概是全世界唯一覺
得我唱歌真的很好聽的人！

有了願意與我對唱的好友，再來就是打造一首專屬我們風
格的歌曲了！從以前就一直很欣賞音樂人羅凱的詞曲創作，
剛好凡凡也認識他，於是我便藉著一次活動中主動搭訕了
他，並且和他相約了創作會議。

在會議中，我天馬行空亂想著：「後面一定要合唱 lalala」、「想做一首閨密友情歌！」、「輕鬆簡單唱、洗腦一點就好！」我和凡凡在羅凱面前，不斷訴說著相識以來的故事，只見羅凱拿著紙筆一邊點頭一邊記下，在短短時間內就生出了《一加一大於二》這首歌。

歌曲順利錄製完畢後，我自掏腰包拍攝 MV，從前置到最後宣傳總共花了將近 100 萬，很多人以為這只是一個「對外宣傳的數字」，事實上，這個數字比真實花費還低！因為向來秉持「既然要做，就做到最好」的我，不惜追加預算，只為了完成這個夢想！

在 30 歲當天，好朋友陪著我一起收看《一加一大於二》MV 首播，收到了大明星們的滿滿祝福，滑開抖音大家開始拍、畢業典禮開始唱、IG 濾鏡開始對嘴，我很感動自己真的做到了！

雖然唱歌不是最好聽，但我很想要告訴大家，「只要有

夢，就能夠實現！」當初歌曲發行後，我就把目標設定在「下一首要是一首廣告歌！」但是我很清楚明白，如果我不告訴全世界「我可以唱歌！」不會有人相信我能夠做到，所以我決定先投資我自己！

很幸運地，在疫情最嚴重的三級警戒時刻，收到了來自「台灣電力公司」的邀請，表示希望製作一首「節電神曲」，我立刻和經紀人說：「即便賠錢，我們都要好好拍 MV ！因為我要唱廣告歌！」於是我們在最短的時間內，透過雲端會議、詞曲討論，我直接取了這首歌名《關關燈》。

《關關燈》來自我最愛的「雙關諧音語」，因為這是關關的燈，也邀請大家一起隨手「關關燈」！這首歌名的發想來自於我的原生家庭，因為經濟能力普普通通，所以家人總有「隨手關燈」的習慣，只要我走到哪裡，我爸爸就關燈到哪裡。還記得小時候夏天時，我們一家人擠在一個小房間睡地板，到了半夜 4 點，冷氣便設定自

動關機，所以每個夏天的早晨都是被熱醒的！

過去對於公家單位的廣告都是「家人演員」，但是我很害怕如果導演找了一堆演員來飾演我的家人，反而失去了真實感，於是我決定親自邀請我真實的家人們一起拍攝 MV，包含爸爸、姑姑、弟弟、表姐、外甥和小狗通通入鏡！還逼他們一起練手勢舞，相當有趣！

我們用最快速度完成了這首歌，特地選擇父親節 8 月 8 日上線，對我來說意義非凡！因為過去總是早出晚歸的我，家人們也不清楚我的工作性質，希望藉由這個機會，讓他們體驗當一天的關韶文有多累！幸好，他們對我的成品都很滿意，也很喜歡，還到處轉貼給朋友要大家按讚，甚至還刻意走到台電的許多營業處，偷看自己演出的 MV 有沒有在電視上播出呢！

我也再次用自己的力量，告訴了全世界，「只要有想做的事情，你都可以做到！」

大膽！我在金曲獎唱歌！

「三金典禮」不僅是藝人們追求的殿堂，同時也是記者們最忙碌的時刻，以前三金典禮日期總會提前知道，主管也會特別在班表上提醒我們「禁休！」。

還是菜鳥記者時，我被分配到的工作只能待在公司，連一張採訪證也沒有。當時科技設備沒有現今發達，我的工作就是在辦公室裡，對著電視上播出的典禮側錄，同時拿著紙筆寫下重點，例如：女明星走紅毯跌倒、男明星頒獎講錯話、樂團表演歷年最精彩等，再把記錄好的時間和內容，交給要回來剪輯新聞的記者。

後來有了一些採訪經驗後，才開始有機會進入三金現場，尤其像是 ETtoday 這種講求時效的媒體，幾乎可以用「追、趕、跑、跳、碰」激烈的五個字來形容三金典禮。

典禮前，我們要準備各家入圍歌手專訪；

典禮當天，下午要去髮廊直播歌手準備狀態；

紅毯時，要向經紀人詢問藝人身穿的服飾品牌；

典禮開始，要緊盯得獎者，隨時衝到後台訪問；

典禮後，跑不同唱片公司的慶功宴，當天趕完所有稿件。

身為新聞從業人員，對於這樣的行程只能用「熱血」來形容，因為我真的很熱愛我的工作，但是在我離職後，確實一度因此感到空虛。打開臉書，當所有記者朋友都在瘋狂忙碌時，我卻一個人在家盯著轉播，好像整個典禮與我無關。

沒想到，「金曲 31」時，我收到了來自台視和源活國際娛樂的邀請，希望我可以為入圍者做一系列的專訪，並於典禮當天在後台的得獎中心現場訪問得獎者。當時我膽戰心驚地接下了這個任務，因為我們的小頻道，竟然要從約訪、企劃、採訪、順剪、上字、後製、特效，還要在電視上播出了！

甚至因為疫情的影響，有些受訪者沒辦法來到台灣，我們透過視訊方式訪問，想辦法克服許多困難。在整整兩個月沒日沒夜的努力下，終於做完了全系列的金曲專訪，對於「關我的事」這個頻道來說，也真正跨出了一大步，與金曲獎合作！

金曲獎當天，我和 Ruby 姐一起在後台攝影棚迎接每一位得獎者的到來，邀請他們分享得獎的心情，也很開心我居然能用不同的方式參與頒獎典禮。

隔年「金曲 32」時，我則換了一個不同的身分參與，就是擔任場內的廣告破口主持！大家應該很難想像，這個看似輕鬆聊天的位置，背後其實藏了很大的壓力，怎麼說呢？

同樣因為疫情的關係，這年金曲獎沒有開放觀眾入場，所以我站在台上面對的一樓入圍者、二樓唱片公司、三樓長官，通通都不是真正的觀眾！也就是說，無論我多

賣力演出，台下有可能各忙各的。

「大家好，我是關韶文！今年由我為大家服務！跟各位歌手介紹一下，我今年也發了兩首單曲！唱歌這麼難聽，還能發單曲！」我第一句是這樣開場的，也幸好台下有許多熟悉的歌手都入圍了，讓我分散了許多緊張的情緒。

其實這份工作背後完全沒有腳本，我只有一張入圍者的座位表和典禮流程，我必須在每一段短短幾分鐘的廣告時間衝到最前面，除了提醒入圍者注意事項外，還要想盡辦法和歌手互動，才能為電視台拍下有趣的花絮。

曾經很擔心，失去了記者光環，就沒有辦法參與金曲獎典禮，如今卻以另一種方式為金曲獎服務，真的是於有榮焉。也想以這兩次的親身經歷和大家分享，**不要被過去的框架限制了你的想像，因為夢想是沒有極限的！**

夢想是一條路，
不是路的終點！

以前別人總問我「當興趣變成工作，容易嗎？」我覺得興趣分成兩種，一個是專長、一個是嗜好，專長用英文來說就是「good at…」，嗜好則比較像是 hobby。我熱愛唱歌比較像是我的嗜好，但是我的專長並不是唱歌，所以做起來很辛苦也很花錢，雖然一樣可以讓我擁有滿滿的成就感，不過如果你希望將興趣變成工作時，我會建議以「good at…」為優先。

還有人常常問我：「關關，你覺得什麼是成功？」我總是開玩笑回答：「一間高中吧！」我曾經訪問過許多歌手，他們原本的夢想是站上台北小巨蛋，但是當演唱會結束後，卻突然迷失了方向，因為不知道自己的下一步在哪裡。

對我來說，**沒有一條路的終點是成功，因為夢想本身就是一條路**，當你正在做著你喜歡的事情，而且會讓你感到快樂，那你就是走在成功的道路上。也請珍惜讓你感到快樂的緣分，因為隨著年紀增長，遇到的環境越來越複雜、遇到的人事越來越心機，很常會讓人懷念過去單純美好的時光。

從幕後的記者、工作人員走到幕前的 YouTuber、主持人，**你可以說我很慢，走這一步花了十年；你也可以說我很專注，十年只走了這一步**。最辛苦的日子裡，許多人覺得我很瘋狂，為什麼可以沒日沒夜地剪片、寫企劃，我總是開玩笑說：「你家夠缺錢就可以！」

一路以來，一定會經歷許多的「不被看好」，我總是會想起媽媽小時候告訴我的，「**不要羨慕別人花開得早，要努力讓自己花開得好。**」永遠按照自己的節奏呼吸，才不在乎別人怎麼看我，因為我很清楚我在做什麼！

你還不知道自己想要的是什麼嗎？從前的我以為「知道自己要什麼」是一件很容易的事情，後來才知道，原來很多人有工作也迷惘、沒工作又慌張，懷孕前很疑惑、當了媽更為難。

那就從確定自己不喜歡的開始吧！勇於嘗試出現在生命中的各種可能，透過「刪去法」找出自己「不喜歡」什麼，再去找到那些「讓你快樂的事件」，你就有可能更清楚自己的方向在哪裡。

剛滿 30 歲的我，把這本書獻給我自己，也送給正在努力的你們，請一定要相信，**「現在手上每一件不喜歡的事情，都是為了以後做更喜歡的事情」**，我們一定都能夠成為「**更好的自己**」！

玩藝 112

不要羨慕別人花開得早，要努力讓自己花開得好！

作　　者 —— 關韶文
攝　　影 —— J68 Studio 商業攝影工作室
妝　　髮 —— 彭紀瑩
造　　型 —— 小香 / Fragrance Styling Studio
書籍設計 —— 鄭婷之
內頁排版 —— FE 設計
責任編輯 —— 王苹儒
行銷企劃 —— 宋安

總 編 輯 —— 周湘琦
董 事 長 —— 趙政岷
出 版 者 —— 時報文化出版企業股份有限公司
　　　　　　108019 台北市和平西路三段 240 號 2 樓
　　　　　　發行專線 —— (02)2306-6842
　　　　　　讀者服務專線 —— 0800-231-705　(02)2304-7103
　　　　　　讀者服務傳真 —— (02)2304-6858
　　　　　　郵撥 —— 19344724 時報文化出版公司
　　　　　　信箱 —— 10899 臺北華江橋郵局第 99 信箱
時報悅讀網 —— http://www.readingtimes.com.tw
電子郵件信箱 —— books@readingtimes.com.tw
法律顧問 —— 理律法律事務所　陳長文律師、李念祖律師
印　　刷 —— 華展印刷有限公司
初版一刷 —— 2021 年 12 月 17 日
定　　價 —— 新台幣 399 元
I S B N —— 978-957-13-8319-4(平裝)

時報文化出版公司成立於 1975 年，
並於 1999 年股票上櫃公開發行，於 2008 年脫離中時集團非屬旺中，
以「尊重智慧與創意的文化事業」為信念。

不要羨慕別人花開得早，要努力讓自
己花開得好！ / 關韶文著. -- 初版. --
臺北市 : 時報文化, 2021.12
　　面 ; 公分 -- (玩藝 ; 112)

ISBN 978-957-13-8319-4(平裝)

1. 自我實現 2. 自我肯定
177.2　　　　　　　　109011206